어쩌면 우리 모두

1인
가구

어쩌면 우리 모두

1인 가구

곽재식, 박진규, 정재민, 정지우 어

서공일가 T구위원 17人 지음

미디어샘

사공일가 TF,
이렇게 탄생했습니다

정재민(법무부 법무심의관)

법무심의관으로서
법률안을 마련하는 일

2021년에 결성된 법무부의 사공일가(사회적 공존을 위한 1인가구) TF는 몇 가지 아주 중요한 법안을 정부안으로 국회에 제출하였거나 입법예고를 마쳤다. 민법의 물건 조항에 "동물은 물건이 아니다"라는 규정을 신설하는 법안과 부양의무의 중대한 위반이 있는 경우 재판을 통해서 상속권을 상실시키는 일명 '구하라법'이라고 하는 법안을 국회에 제출했다. 그 밖에 유류분 권리자들 중에서 형제자매를 삭제하는 법안과 독신자도 친양자 입양을 할 수 있는 길을 터주는 법안이 11월에 입법예고 되었다. 그 밖에 반려동물의 개념을 정하고, 반려동물을 압류 대상에서 배제하고, 반려동물에게 상해를 가하거나 반려동물을 죽인 경우 주인에게 위자료를 인정하거나 교환가치를 넘어서 치료비를 인정하는 법안도 국회에 제출될 예정이다. 민법이 국민 생활의 근본을 규율하는 기본법 중의 기본법이므로 쉽게 변경되지 않는다는 점을 고려할 때, 사공일가 TF가 1년 동안 내어놓은 법안들은 양적으로나 질적으로나 우리 사회에 상당히 깊은 정도의 근본적 변화를 야기할 수 있는 법안들이다.

이렇게 큰 성과를 내어놓은 사공일가 TF가 어떻게 탄생하게 되었는지 이야기하기 위해서는 이 TF를 담당하는 법무부 법무심의관실이 무슨 일을 하는지, 나는 왜 이런 일을 하게 되었는지부터 시작해야 할 것이다. 그러기 위해서는 내 개인적인 이야기도 하는 것이 좋을 것 같다. 나는 2020년 11월 1일 법무부 법무심의관으로 부임했다. 그 이전까지는 4년 동안 국방부 외청인 방위사업청에서 무기 체계를 수출하거나 작은 군함을 만드는 일을 했다.

그리고 그 이전에는 10여 년 동안 판사로 일했다. 판사 일은 이미 만들어진 법을 있는 그대로 해석하고 적용하는 것이다. 법률에 해석이 명확하지 않은 부분이 있으면 대법원 판례를 찾고, 그것이 없으면 하급심 판례를 찾고, 그것이 없으면 해외 판결이나 논문들을 찾았다. 그러고도 해소되지 않는 불명확한 해석의 여지가 있을 때 비로소 내가 가진 가치관과 상식에 기대어 판단했다. 개별 사건들을 재판하는 데 있어서 판사 개인의 생각이나 가치관이 작동하는 공간은 일반 사람들이 생각하는 것보다 그리 넓지 않다.

하나의 사건에 대한 판사의 판단의 여지를 피자 한 판에 빗대어 말하자면, 절반 정도가 법률 문언 자체로 제거되고, 그 나머지의 절반이 대법원 판례로, 다시 그 나머지의 절반이 다른 하급심 판례들로, 그 나머지 절반이 해외 판례나 하급심 판례로 제거된다. 마지막 남은 작은 한 조각 정도의 판단을 판사 개인의 재량으로 하게 되는 것이다. 반면 법무심의관으로서 법안을 만드는 일은 마치 밀가루 도우를 가지고 고객의 구미를 충족할 수 있는 피자를 창의적으로 만들어내는 일과 같다. 고르곤졸라 피자를 만들 수도 있고, 마르게리따 피자를 만들 수도 있고, 아예 종류가 다른 음식인 스파게티를 만들 수도 있다.

우리나라에서 법률안을 제안할 수 있는 주체는 두 곳이다. 헌법 제52조는 "국회의원과 정부는 법률안을 제출할 수 있다"고 규정하고 있다. 국회의원들이 직접 법안을 낼 수도 있고(대신 국회의원 10인 이상이 함께 발의해야 한다), 정부가 낼 수도 있는 것이다. 정부가 제출하는 법률안을 흔히 정부안이라고 한다. 법은 궁극적으로 국회에서 만들고 통과시키는 것이지만 정부안에도 상당한 무게가 실린다. 정부안은 가장 강력한 민주적 정당성을 가진 대통령이, 각 부처의 장관들이 주축이 되는 국무위원들이 모인 국무회의를 거쳐 제출하는 법안이라는 점에서 나름의 권위가 있고, 해당 업무를 직접 집행하는 정부 부처가 만든 법안이라는 점에서 전문성과 책임성도 크게 평가받는다.

다른 한편으로 말하자면, 나는 방위사업청에서 군함 만드는 일을 하다가 법무심의관이 되면서 법안 만드는 일을 하기 시작했다. 둘 다 무엇인가를 만드는 일이라는 점은 같지만 군함과 법안은 역시 차이가 크다. 군함은 손으로 만지고 심지어 타볼 수도 있지만 법안은 관념적인 법체계 속에서만 존재한다. 군함을 구성하는 것은 각종 금속과 플라스틱과 고무와 반도체이지만 법안은 말과 글로 만든다. 그러나 의외로 둘 사이에 공통점도 적지 않다. 군함도, 법률도, 국민들의 생명과 재산을 보호하는 역할을 한다. 군함도, 법률도 종류가 다양하다. 군함에 항공모함, 호위함, 고속함, 지원함, 잠수함 같은 다양한 종류가 있는 것처럼, 법에도 사법과 공법, 실체법과 절차법, 일반법과 특별법, 민사법과 형사법과 같이 다양한 종류가 있다. 만들 때 '밸런스(균형)'가 깨지면 안 되는 것도 유사하다. 군함의 선수(배의 머리 부분)에 어떤 장비를 설치하면 선미에도 어느 정도 하중을 분배해야 한다. 배의 좌측에 뭔가를 설치하면 우측에도 같은 무게의 뭔가를 설치해야 안전하다. 그렇게 자꾸 설치해나가다 보면 배가 무거워져서 속도가 느려지고 돈도 많이 든다. 법을 만들 때도 마찬가지이다. 어느 계층에게 법적 이익을 부여하면 다른 계층은 상대적으로 박탈감을 느낀다. 권리만 부여하고 책임은 부여하지 않으면 권리 남용이 발생하게 되고, 반대로 권리는 없이 책임만 부여하면 그 지위를 회피하는 일들이

속출한다. 경제적 이익이 동반되는 권리를 너무 많이 인정하면 예산에 과부하가 걸린다.

'1인가구'가
법무부 법안의 테마가 된 연유

법무심의관으로 부임한 이래 나는 법무심의관실 업무의 모토를 "미래 시민 사회 준비"로 삼았다. 모토만 보면 법무부가 미래 시민 사회를 선도적으로 열어젖힐 기세인 듯도 하겠지만, 본뜻은 사회가 급변하고 있는데 이미 사회가 변화된 지 오래인데, 법이 발목을 붙잡고 있는 일은 없도록 해보자는 데 방점이 있었다. 흔히 법은 기존의 체제를 지키는 수호자 같이 보수적인 역할을 하는 것으로 알려져 있다. 나도 그동안 판사로 일하면서 법의 성격을 그렇게만 알고 있었다.

그러나 법무심의관이 되어 새로운 법안을 심의하는 일을 하게 되면서 이윽고 법이 미래를 여는 열쇠라는 것을 깨닫게 되었다. 법을 개정하는 순간부터 새로운 법이 우리 사회의 모습을 그 법이 제시하는 청사진을 따라, 마치 자기장을 따라 방향과 위치를 재조정하는 쇳가루들처럼, 재배열하면서 미래를 견인하기 때문이다.

미래 시민 사회 준비를 위한 보다 구체적인 주제로서 법무심의관실은 비대면시대, 메타버스, AI, 로봇, 드론, 생명존중, 강화된 민주주의, 1인가구 등을 키워드로 잡았다. 그런데 얼마 후인 2021년 2월에 박범계 법무부장관님이 취임하면서 '1인가구'라는 화두를 법무부 안팎에 던지셨다. 1인가구가 우리 주변에 급작스럽게 늘고 있는데, 기존 모든 법제도가 다인가구를 전제로 하고 있어서 1인가구들이 차별을 받고 있는 지점이 있는 것 같으므로 이를 개선해보라는 취지였다.

법무부 소관 법들 가운데에는 기본법이 많다. 민법, 형법, 상법과 같은 법들이 대표적이다. 그중에서도 법무심의관실이 소관하고 있는 민법은 기본법 중의 기본법이다. 우리나라 사회에 1인가구의 비중이 크게 증가했다면 분명 민법도 그에 맞게 변해야 하는 부분이 있을 것이다. 그러나 민법은 기본법인 만큼, 오랜 세월 변하지 않고 중심을 잡고 있는 것을 본연의 역할로 여기는 측면도 있다. 그러므로 민법 개정은 다른 어떤 법보다 조심해서 시도해야 한다. 방향을 조금만 잘못 잡아도 우리 사회에 큰 불합리와 불공정이 초래된다.

1인가구를 위한 민법 등의 개정안을 마련하려면 무엇보다도 1인가구에 관한 현황을 충분히 살펴야 했다. 그래서 우리 법무심의관실은 먼저 1인가구에 관한 각종 통계를 최대한 모아서 살펴보았다. 그 결과 통계에 따라 다소 간의 차이가 있었지만, 과연 우리 사회에서 1인가구의 비중이 20여 년 전 10퍼센트 정도에서 40퍼센트 정도로 확연하게 높아져 있었다. 그리고 보니

마트에 가보면 지금은 내가 좋아하는 카레를 비롯한 음식이나 반찬들이 1인용으로 포장되어 판매되는 경우가 많지만, 내가 어릴 적에는 4~5인용이 대부분이었던 기억이 떠올랐다.

통계에 따르면 1인가구가 늘어가는 원인도 다양했다. 청년 1인가구는 대학에 가거나 취업을 위해서 따로 사는 경우, 비혼 주의 등으로 결혼을 하지 않아서 혼자 사는 경우들이 많았다. 반면 노년 1인가구들은 사별이나 이혼, 그리고 자식들과의 별도 거주 등이 원인으로 증가하고 있었다. 중년 1인가구들은 이혼이나 이른바 '기러기 아빠'와 같이 자녀 교육 때문에 1인가구가 된 경우, 지방 근무로 인해 따로 사는 경우들이 주된 원인이었다.

나의 1인가구 생활기

'1인가구' 법안을 마련하는 작업을 시작하던 초기에는, 처자식과 함께 생활하는 나는 1인가구와는 무관한 사람이라 생각했다. 얼마 가지 않아서 대체 내가 왜 그렇게 둔감했을까 할 정도로, 따져보니 나도 꽤 오랜 시간 1인가구 생활을 했다는 사실을 알아챘다. 지방에서 부모님과 살다가 서울에 있는 대학교에 입학하면서부터 결혼할 때까지 12년 동안, 그리고 결혼한 뒤에도 주말부부 생활을 한 5~6년 동안 1인가구로 살았다. 대학생

때에는 학교 기숙사와 신림동의 자취방이나 고시원에 살았고, 사법연수원에 들어가서도 신림동 원룸에 살았고, 군검사가 되어서는 강원도 화천군 화천읍에 있는 군장교 독신자 숙소에 살았다. 국방부 법무관으로 일할 때는 용산 삼각지에 있는 역시 군장교 독신자 숙소에 살았고, 판사가 되고 난 뒤에는 법원 근처 원룸이나 관사에서 혼자 살았다.

대학교 기숙사 생활은 수많은 학생들과 한 층에서 떼로 살았기 때문인지 1인가구 생활이라 하기 어려울 것 같아서, 나의 첫 1인가구 생활은 대학 3학년 때 신림9동에서 자취방을 구해서 살 때였다고 할 수 있겠다. 높은 언덕 위로 올라갈수록 방값이 쌌는데 내 방은 언덕 중턱에 있어서 기억이 가물가물하지만 방값이 월 9만 원 정도로 주변 시세에 비해서도 헐값이었다. 게다가 두 팔을 뻗으면 양쪽 손끝이 벽에 닿을 정도로 좁았다. 몇 만 원을 더 내면 더 넓은 방을 구할 수 있었다. 몇 만 원이 없어서 쩔쩔매는 상황은 아니었지만, 그때는 굳이 더 넓은 공간이 필요하다는 생각을 하지 않았다. 밥은 바깥에 있는 고시식당에서 먹고, 낮에는 학교나 도서관에 가서 고시공부를 하고, 집에 와서는 거의 잠만 잤기 때문이다.

그렇게 좁은 공간에 혼자 살다 보니 나에게 가장 소중했던 것은 바깥세상으로 나를 연결해주는 무엇이었다. 대표적인 것이 창문이었다. 집이 좁은 대신 창문이 벽의 3분의 2는 차지할 정도로 컸는데, 그 창문을 열면 창밖의 골목이나 언덕 위에서 내려다보이는 집들을 포함한 바깥세상이 우리집 앞마당이라도 된 것처럼 탁 트이는 느낌이 들었다. 창문을 닫고 있으면 이대로 혼자 죽어도 일주일은 넘어야 발견되겠다는 생각이 들 정도로 고립되어 있는 것 같다가도, 창문을 열면 시원한 공기가 들이닥치고, 파란 하늘이 보이고, 널찍한 마을의 정경이 눈앞에 펼쳐지고, 길을 지나가는 사람들이 보이고, "계란이 왔습니다. 계란" 하는 계란 파는 트럭의 방송이 들려서, 세상과 연결되는 느낌, 세상 속에 있는 느낌이 들곤 했다.

당시 또 한 가지 소중했던 아이템은 3만 원인가, 5만 원인가를 주고 산, 화면이 10인치가 채 되지 않는 작은 흑백 중고 TV다. 그때 내가 흑백 TV를 산 것은 컬러 TV를 살 돈이 없다거나 그 돈을 아끼려고 했던 것이 아니었다. 흑백 TV가 화면에서 나오는 빛이 강렬하지 않아서 눈과 정신에 편하고, 그래서 보다가 잠이 들기에도 수월하고, 영상이 눈에 잘 안 들어오니 그냥 라디오를 틀어놓은 것처럼 생각해도 그만이고, 왠지 CD가 유행하던 그 시절에 구식 턴테이블에 LP판을 돌리는 듯한 레트로 감성 때문이었다(이런 이야기가 그리 낭만적으로 들리지도, 공감되지도 않을 것임을 안다. 차라리 가난해서 그랬다고 말할 걸 그랬나). 그 작은 TV로 당시 인기 절정이었던 시트콤 〈순풍산부인과〉 같은 프로그램을 보면서 혼자서 낄낄거리거나 폭소를 터뜨리곤 했는데, 그 웃음이 끝날 무렵에는 신림동 언덕이라는 낯선 타지에서 야밤에 흑백 TV를 보면서 혼자 웃고 있다는 것이

처량하고, 찌질하고, 때로 뭔가가 무섭게 느껴지곤 했다.

그 당시 각자의 대학 앞에서 자취 생활을 하던 내 친구들은 집에서 개나 고양이를 키우기도 했다. 개나 고양이가 집에 있으면 덜 외롭고, 덜 찌질해질 것도 같았지만, 고시공부를 하고 있고 집에 밤늦게야 들어오던 터라 반려동물을 제대로 키울 자신이 없었다. 왜 그때 조금 더 사는 듯이 이것저것 제대로 차려놓고 살지 못했을까. 머릿속에 법 지식은 날이 다르게 잔뜩 쌓이는데 평범한 하루하루를 충만하게 만끽하면서 사는 방법을 제대로 모르던 시절이었다. 1990년대 말이었다.

21세기 들어서, 그러니까 2000년에 나는 사법시험에 합격하고 이듬해 사법연수원에 들어갔다. 대학생 신분에서 공무원 신분이, 예비 법조인 신분으로 변신했다. 그래도 혼자 살았다. 그 시절 사법연수생에게 신용대출을 크게 내주었던 마이너스 통장의 도움으로 나는 원룸이라는 곳을 마련해서 집을 옮겼다. 불안정한 고시생에서 안정된 사법연수생으로 신분이 변한 만큼 주거도 바뀌었다. 신림동 자취방은 금속 열쇠로 방문을 열었는데(사실 가져갈 것도 없어서 문을 제대로 잠그지 않은 날도 많았고 그것이 걱정되지도 않았다) 원룸에 살 때는 두꺼운 철문 앞에 붙은 비밀번호를 '삑삑삑삑' 누르고 들어가는 것부터 달라졌다. 내가 새로 산 중고 아반떼 승용차를 주차할 공간도 생겼다. 원룸 안에는 깔끔한 간이부엌도 붙어 있었다. 그러나 생활이 본질적으로 바뀐 것은 아니었다. 여전히 종일 밖에서 공부를 하고 집에는 거의 잠을 자러 들어왔을 뿐이었다.

판사가 된 이후에 지방의 관사 아파트에서 혼자 살 때는 양상이 많이 달라졌다. 집에 혹시 누가 들어오기라도 할까봐 문을 잘 잠그고 다녔다. 집에서도 사건 기록을 들고 가서 보는 경우가 적지 않았기 때문이다. 내가 사는 아파트가 판사의 관사라는 것이 알려져서 어떤 사람들이 우리 집에 온 우편물을 살펴보거나 심지어 뜯어보는 경우도 있었다. 프라이버시가 중요해졌다. 창문에도 커튼을 쳤다. 가능성이 낮기는 하지만 좁은 도시라서 재판을 받고 불만을 가진 누군가가 찾아올 수도 있다는 작은 불안감도 있었다.

그렇게 1인가구로 살아가는 동안 가장 간절했던 것들을 돌아보면 세상과 연결되는 것, 외로움을 달래는 것, 범죄로부터 안전하게 보호받고 프라이버시를 지킬 수 있는 것, 편리하고 쾌적하게 의식주를 해결하는 것이었다. 1인가구 TF가 논의할 주요 테마로 친족, 상속 외의 보호, 주거, 유대라는 키워드를 만들게 된 것도 나의 이런 경험이 바탕이 되었다. 이런 키워드들은 나 혼자서 만들어낸 것이 아니고, 우리 법무심의관실 직원들과 1인가구 TF 멤버들이 함께 만든 것인데, 흥미롭게도 절대다수가 공감하는 키워드라서 멤버들 사이에 별 이견이 없었고 다른 여러 키워드 중에서 고르느라 고민할 필요도 많지 않았다. 1인가구라면 느끼는 것이 비슷한 모양이었다.

사공일가 TF 출범 과정

　1인가구를 위한 법안이라는 것이 공무원들이 책상 앞에서 뚝딱뚝딱 몇 자 적어서 만들 수 있는 일은 아니다. 여론조사 기관을 통해서 여론조사를 한다고 해서 1인가구에 관한 국민들의 평균적인 의견이 수렴되는 것도 아니고 여론조사 결과로 좋은 법안이나 정책이 나오는 것도 아니다. 그런 것이 가능하다면 나라의 모든 정책을 여론조사로 결정했을 것이다. 그렇다고 해서 1인가구를 전공한 학자를 찾아가는 것도 적절하지 않다. 1인가구 전공학자라는 것이 있지도 않거니와, 그에 관한 연구를 하는 사회학자가 있다고 하더라도 그런 분은 특정 시각에서 학문적인 이야기를 해줄 수 있을 뿐이다.

　우리는 1인가구로 살아왔고 또 살고 있는 사람들의 목소리를 직접 듣는 것이 가장 좋겠다고 생각했다. 그리고 그분들이 직접 법안을 제안하면 더 좋겠다고 생각했다. 아주 유명한 명망가일 필요도 없었다. 1인가구를 학문적으로, 전문적으로 연구한 사람보다 실제로 1인가구로서 살아온 삶의 경험이 있고, 삶과 사람에 대한 특별한 통찰을 가진 분이면 좋겠다는 생각이 들었다. 그래서 실은 내 주변에 있는 분들을 중심으로 1인가구 TF 멤버를 찾기 시작했다. 박진규 작가가 가장 먼저 떠올랐다. 박진규 작가는 나와 동갑으로 오래전에 〈문학동네 문학상〉을 받고 등단해서 꾸준히 작품을 내고 있는 프로 작가인데 고양이와 함께 살고 있다. 출판평론가이자 대학에서 학생들을 가르치고 계신 김성신 선생도 모셨다. 김 선생은 워낙 많은 책을 소개하고 또 워낙 많은 사람들을 가까이 하는 분이라 아이디어도 넘치고, 1인가구 TF에 적합한 분들을 소개시켜주실 수 있을 것 같았다. 그 밖에 내가 독서모임이나 이런저런 경위로 알게 된 1인가구 분들로, 초등학교 교사인 오성아 선생님, 독일과 스페인에서 1인가구로 오래 산 박성연 컨설턴트가 있었다.

이런저런 경위로 점점 한 분씩 추가가 되었다. 김경집 선생님은 가톨릭대학교 교수를 지내면서 1인가구의 대명사라고 할 수 있는 가톨릭 신부들과 수녀들을 가르친 분이면서도 50권이 넘는 인문학 서적을 집필한 분이다. 백이원 작가는 30대 여성 1인가구였고, 오성아 선생님은 50대 여성 1인가구였다. 백희성 건축가는 동양인 최초로 프랑스의 〈폴 메이몽 건축가상〉을 수상한 건축가로서 1인가구가 많이 사는 건축물들을 설계한 경험이 많은 분이다. 1인가구 TF가 출범한 뒤에는 10대 1인가구에 대한 상담 경력이 많은 십대여성인권센터 상담가 김해온 님도 합류했다. SF작가로 유명한 곽재식 작가는 1인가구가 주가 되는 우리 사회의 미래를 상상하는 데 영감을 부여하는 역할을 해주실 것 같았다. 전통적인 음악을 창의적으로 변주해서 우리 사회에 신선한 바람을 불러일으킨 이날치밴드의 기획자 강기영 실장, 책을 소개하는 코미디언으로 활기를 불어넣어준 남정미 씨도 큰 기여를 했다. 배우 생활 이후 수십 권의 책을 쓰는 인디라이터로 활동하던 명로진 선생도 좋은 말을 많이 해주실 수 있는 분이었다. 노종언 변호사는 '구하라법'을 이슈화시킨 변호사로서 상속제도에 일가견이 있었다. 다큐멘터리를 제작하는 PD면서 동국대학교에서 겸임교수로 활동하는 김동욱 PD는 집과 사무실에서 여러 반려동물을 키우는 분으로 사공일가 TF에 참여하면서 그 활동을 다큐멘터리로 만드는 역할을 담당하셨다.

각자 독립하면서도
느슨하게 연대하는 사회

사공일가 TF는 비교적 짧은 시간 동안 사회적으로 큰 화두를 던지고 또 중요한 법안들을 탄생시켰다. 대표적인 것이 "동물은 물건이 아니다"라는 민법 개정안을 만들어서 국회에 제출한 것이다. 그 밖에 상속제도와 관련해서 '구하라법'을 만들어 국회에 제출하기도 했고, 조만간 형제자매의 유류분을 삭제하는 개정안도 발의될 것이다. 현재 친양자제도에 따르면 기혼자만, 그것도 3년 이상 혼인 생활을 한 부부가 공동으로만 입양을 할 수 있으나, 독신자도 친양자 입양을 할 수 있는 방향으로 민법을 개정하는 법안도 발의될 것이다. 반려동물의 개념을 확립하고, 반려동물은 강제 집행의 대상에서 제외하며, 반려동물이 죽거나 다친 경우에 위자료나 치료비를 청구할 수 있는 법안도 마찬가지이다. 이런 법안 하나하나가 매우 중요한 사회적 변화를 반영하고 있고 또 사회적 변화를 야기하는 것이다. 그래서 이례적일 만큼 많은 언론들이 사공일가 TF의 활동을 보도했고, 기사뿐만 아니라 칼럼과 사설에서도 사공일가 TF나 사공일가 TF가 제안한 법안을 이야기했다. 짧은 시간에 우리 사회에 이렇게 큰 자취를 남긴 정부 TF가 얼마나 있었을까 싶다.

사공일가 TF는 조만간 그 활동이 마무리되고 해산될 것이다. TF 멤버들은 각자의 삶 속에서 1인가구로서 열심히 살아갈 것이다. 그러나 1인가구의 확대라는 우리 사회의 변화는 계속 진행될 것이다. 그리고 사공일가 TF가 남긴 유산들, 그러니까 법안들은 그런 변화를 반영하고 뒷받침하는 역할을 지속적으로 해나갈 것이다. 사공일가 TF와 함께한 지난 1년 조금 못 되는 기간 동안 재미있고, 보람 있고, 유익했지만, 무엇보다도 소중했던 것은 우리 1인가구 TF 멤버들이, 얼굴도 모르는 우리 사회의 다른 1인가구들과 법안을 매개로 연대하고 있다는 느낌을 받은 것이었다.

1인가구이든, 다인가구이든 우리 사회의 구성원들이 각자 혼자서 반듯하게 서면서도 서로 연대하는 것. 평소에 느슨하게 연대하다가도 어떤 위기가 닥쳐왔을 때는 탄탄하게 뭉치는 것. 그것이 가장 이상적인 사회가 아닐까. 그렇다면 같은 맥락에서 그런 연대에 기여하는 것이 법의 중요한 역할 아닐까. 이것이

26년 동안 법 공부를 하고 법을 활용하는 일을 하면서 이번에 처음 실감하게 된 소중한 경험이었다. 아이러니컬하게도 1인가구 일을 하면서 비로소 연대의 중요성을, 사회적 연대에 기여하는 법의 역할을 깨달은 셈이다.

② 사공일가 TF 법무부 소속위원의 글

사공일가 TF
시민위원의
글

도어

백희성(건축가)

파리에 온 지 벌써 14년이 되었다. 프랑스 북동부 스트라스부르그에 살던 내가 파리행 기차를 타고 파리에 도착했을 때는 뭔가 엄청난 일이 내게 일어날 것이라는 막연한 기대와 설렘으로 가득했다.

도착 직후 나는 막연히 처음 눈에 보이는 부동산을 찾아 들어갔다. 수중에 가지고 있던 9,000유로(약 1,200만 원)로 살 집을 찾아야 했다. 어디에 살아야 좋은지, 내가 가진 금액으로 얻을 수 있는 집은 무엇인지, 나는 아무것도 알지 못했다. 그래도 대략 한 달에 집세 700유로(약 100만 원)로 몇 달을 버티면서 일자리를 찾을 계획이었다. 그래서 9,000유로라면 넉넉하진 않지만, 6개월 월세와 생활비로 어느 정도 가능하다고 생각했다.

하지만 외국인이던 나에게 부동산 중개인은 전혀 생각지도 못한 조건을 내밀었다. 바로 보증인이었다. 프랑스인들은 누구나 부모가 보증인이 되어주어 월세만 내면 집을 구할 수 있지만, 외국인이었던 나는 보증인이 없었다. 프랑스에서 보증인을 구할 수 없었던 내게 중개인은 은행보증제도를 제안했다. 나처럼 외국인을 위해서 보증인을 은행에서 대신 처리해준다고 했다.

이 말을 듣자마자 바로 은행으로 달려갔다. 크리디뮤투엘(Credit Mutuel) 은행을 찾아 은행보증이 필요하다고 문의했다. 점잖게 생긴 독일계 악센트를 쓰는 프랑스인이 내게 말했다.

"은행보증은 기본 서류가 필요합니다. 집 계약서를 가지고 오셔야 해요. 그리고 1년 치 월세를 은행에 묶어둬야 합니다."

"네? 뭐라고요? 집 계약을 위해 은행보증이 필요한데 집부터 계약하고 오라니요? 그리고 1년 치 월세를 내야 한다고요?"

한국에서 느꼈던 행정 업무의 편리함은 프랑스에서는 사치에 가까웠다. 말이 안 통하는 은행 직원의 이야기에 망연자실했다. 그래도 어딘가는 내가 살 집이 있을 것이라 믿고 여기저기 부동산을 뒤지기 시작했다. 그렇게 오래 걸릴 줄은 몰랐다.

나는 한 달이 지나고도 집을 구하지 못했다. 호텔 투숙 비용이 점점 부담으로 다가오고, 더 이상은 버티기가 어려웠다.

결국 다시 스트라스부르그로 돌아올 수밖에 없었다. 천만다행으로 아직 스트라스부르그에 내 집 계약 기간이 두 달 남아 있었다. 두 달 안에 파리에서 반드시 집을 찾아야 했다. 스스로가 멍청하다고 생각되는 순간이었다.

외국인이 파리에서 집을 구하기 어렵다는 것을 깨달았다. 그렇게 이렇다 할 대책 없이 시간만 하염없이 흐르고 있었다.

하루는 내 책을 빌려갔던 매튜(Matteu)가 책을 돌려주러 우리집에 들렀다.

"책 재밌게 잘 봤어, 고마워. 근데 무슨 걱정 있어?"

나는 그간 있었던 파리에서 집 찾기 실패에 대해 모두 털어놓았다. 내 이야기를 듣던 매튜가 살짝 미소를 지으며 한마디를 내뱉었다.

"내가 아는 집이 하나 있는데… 좀 이상한 집이긴 한데… 혹시 내가 집 하나 소개해줄까? 너라면 좋아할 것 같아. 보증금은 없어! 월세는 500유로(약 70만 원). 단, 조건이 있어. 딱 6개월만 살 수 있어. 집주인이 내 친구인데, 지금 아이티에 구호 봉사를 갔거든. 6개월이 비어 있으니 월세를 낸다고 하면 빌려줄 거야!"

6개월뿐이지만, 그래도 내겐 정말 좋은 기회였다. 매튜에게 부탁해서 얼른 그 집에 들어가고 싶었다. 나의 급한 상황을 이해한 그는 집주인과 바로 연락했고 흔쾌히 허락을 받아냈다.

이번엔 스트라스부르그에 있는 집도 계약 종료하고 이삿짐을 잔뜩 실은 차를 몰고 파리로 출발했다. 8시간 정도 걸리는 여정도 내게는 신나는 순간이었다.

드디어 파리에 살 집이 생긴 것이었다.

파리에 도착했을 때는 아침이었다. 밤새 운전을 하느라 좀 피곤하기는 했지만, 그래도 새집에 대한 기대감이 더 컸다. 부동산 중개인이 집 앞에서 나를 기다리고 있었다.

"안녕하세요. 루미에르 씨(나의 프랑스어 이름)? 맞나요?"

"네, 맞습니다. 반갑습니다."

"먼저 죄송한 말씀을 전해야 할 것 같습니다. 오늘 들어가실 집 위층에 수도 배관이 터져서 건물 전체가 보수 공사를 시작해야 한다고 하네요."

"저… 전 오늘 이사를 못하면 안 되는데요. 다시 돌아갈 방법도 없어요. 아… 정말 안 되는데… 그냥 들어가면 안 되나요?"

"죄송해요. 그럴 순 없을 것 같아요. 대신 제가 다른 중개사들에게 급하게 들어갈 수 있는 집을 문의해놓았어요."

그와의 대화에서 나는 모든 것이 무너지는 것 같았다. 내가 싣고 온 트럭의 짐과 나의 현실이 복잡하게 머릿속에 엉겨붙는 것 같았다. 멍한 상태의 나는 중개사와 근처 커피숍에서 커피를 마시며 연락을 기다릴 수밖에 없었다.

1시간쯤 지났을 무렵, 다른 중개사에게 전화가 왔다.

"오, 필립! 고마워. 급하게 찾아줘서 고마워. 루미에르 씨께 주소를 알려드릴 테니, 지금 바로 그 집을 소개해줘."

전화를 내려놓은 중개사는 나에게 주소 하나를 종이에 적어주었다.

짐이 잔뜩 실린 차를 끌고 주소지로 향했다.

오래되고 눅눅한 냄새가 배어버린 방이다. 창문은 천장에 경사진 면에 있는 것 하나뿐이었다. 소위 몇 백 년 전 파리에서 하녀들이 살았다던 지붕 밑 방이었다. 내 수중에 있는 돈으로는 귀신이 나올 것 같은 이 방뿐이다. 귀신이 나올 것 같은 이 중개사는 '내가 가진 돈으로는 이것도 감지덕지다'라는 표정으로 나를 쏘아보고 있다.

"빨리 결정하세요. 이 집이 루미에르 씨가 가지고 있는 돈으로 계약할 수 있는 유일한 집입니다. 나도 다른 일정이 있어서 빨리 가봐야 해요."

"네, 알겠어요. 이 집으로 계약할게요."

나에게는 선택의 여지가 없었다. 보증인이 필요 없는 집을 구할 수 있을 거라는 생각이 들지 않았다.

계약을 하는 데도 별로 소득이 되지 않는다는 표정으로 나를 쏘아보는 중개인. 그가 열쇠 꾸러미를 주고 계약서를 들고 현관을 나서고 있었다.

"딸랑 방이 하나인 원룸인데, 왜 이렇게 열쇠가 많아요?"

"아휴, 나도 몰라요. 뭐 현관문 빼고 나머지는 바뀐 열쇠겠지. 쓸모없는 열쇠는 버리든지 맘대로 하세요!"

화가 치밀어 오르는 걸 꾹 참으면서 인사를 전했다.

"네, 알아서 할게요. 들어가세요."

중개인이 떠난 후 홀로 남은 나는 우선 케케묵은 먼지와 눅눅한 냄새의 원인인 벽지부터 떼어내기 시작했다. 벽지가 떨어지며 날리는 분진이 공중에 떠다니기 시작했다. 갑자기 우울한 마음이 들었다. 세상에 이렇게 집이 많은데 왜 나를 위한 번듯한 집은 없는 것인지. 아니, 번듯하지 않아도 된다. 더럽지만 않았으면 좋겠다. 이렇게 먼지와 벌레 사체들이 널브러져 있는 이런 집은 정말 내 인생에서 기대하지 않았던 것들이었다.

이런저런 부정적인 생각이 내 머릿속을 가득 채운 상태로 무거운 몸을 이끌고 벽지를 여기저기 뜯기 시작했다.

벽의 일부인 벽지를 뜯으니 온갖 더럽고 시커먼 곰팡이가 드러났다. 코를 손으로 막고 눈살을 찌푸리며 망연자실한 기분이었다.

일부 벽면의 벽지는 질겨서 잘 뜯기지 않았다. 있는 힘껏 당겨서 뜯어내는데… 손이 미끄러져서 몸의 중심을 못 잡고 뒤로 자빠졌다.

"아, 정말 가지가지 하네. 오늘은 정말 되는 일이 하나도 없네."

넘어지면서 한 번에 길게 찢어진 벽지가 내 얼굴 위로 떨어졌다. 입에 곰팡이가 들어갈까 놀라 침을 뱉으면서 손으로 벽지를 걷어냈다. 그리고 다시 일어나 벽지를 뜯어내려는 순간, 벽지가 뜯긴 지점에 이상한 나무판이 벽에 붙어 있는 것을 발견했다.

나무판은 자세히 보니 문이었다. 단칸방 벽에 문이라니, 혹시 개발하면서 막아버린 문인가 싶어서 두들겨보았다.

'딱 딱 딱.'

안쪽에 공간이 있다면, 속이 비어 있는 통통통 소리가 나야 했지만, 속이 꽉 막힌 소리가 났다. 마치 벽에 문을 붙인 것처럼.

좀처럼 이해가 되지 않는 구조여서 약간의 흥미가 생겼는지 잠시 청소 작업을 멈추고 유심히 문을 쳐다보았다.

장식이 되어 있는 오래된 문! 아르누보 양식과 같은 곡선 몰딩이 가득한 문이었다. 이 하녀 방에 어울리지 않는 백 년 전의 고급스러운 문짝 같았다. 먼지를 좀 털어내보니, 드러난 열쇠 구멍은 금속으로 온갖 장식을 해놓은 수준 높은 예술품이었다. 건축학과 학생인 나의 눈에는 적어도 예사롭지 않은 문화재로 보였다.

'아! 아까 중개인이 준 열쇠 꾸러미.'

열쇠 꾸러미의 현관 열쇠를 제외한 다섯 개의 남는 열쇠들을 살펴보다가 이 문의 열쇠 구멍 금속 장식과 비슷한 열쇠를 찾았다. 조심스레 열쇠를 구멍에 넣고 심호흡을 한 후에 살짝 돌려보았다.

그러나 꿈쩍하지 않았다. 오래도록 방치되어 있어서인지 잘 돌아가지 않아 힘차게 양쪽으로 흔들면서 있는 힘껏 손에 힘을 주었다. 그러다 갑자기 철커덕하는 소리와 함께 문이 열렸다.

갑자기 무서운 생각이 들었다. 안쪽에 무엇인가 있으면 어떡하지 하는 생각이 머리털을 쭈뼛하게 했다.

그러나 문을 열어보니 별게 없었다. 그냥 벽이었다. 혹시나 해서 두들겨보았지만, 그저 평범한 벽이었다. 구조체 벽이었다. 구조체 벽은 털어낼 수도 없는 것이었다.

'그런데 나머지 남은 4개의 열쇠는 무엇일까?'

고민하고 있던 내게 갑자기 전화벨이 울렸다. 매튜였다. 너무 미안하다고 하는 그에게 나는 다 운명 같다고 괜찮다고 애써 내둘러 대답하고 전화를 끊었다.

다시 벽지를 해체하는 작업을 시작했다. 다른 벽면에서도 문짝이 나왔다. 또 다른 면에서도…. 총 4면에 모두 문이 있었다. 마치 동서남북에 문이 위치한 것처럼 말이다. 4개의 열쇠는 이 문의 열쇠였다. 그러나 남은 한 개의 열쇠는 어디에도 맞지 않았다.

우여곡절 끝에 벽지도 교체하고 수많은 벌레 사체들을 치우면서 케케묵은 먼지를 청소했다.

문짝은 벽지로 덮지 않았다. 나름 느낌이 있어서 방의 디자인 요소를 남겨두었다. 얼추 사람이 살 만한 집이 되어서 정말 다행이었다.

집을 구하고 나니, 마음에 여유가 생겨서인지 얼마 지나지 않아 일자리도 어렵지 않게 구하게 되었다.

7평짜리 이 작은 집이 나의 소중한 안식처가 되어주고 있었다. 혼자였지만 불행하지 않았다. 외롭지만 버틸 만했고 신경 쓸 사람이 없어 자유로웠다.

3개월이 지나고, 비가 추적추적 내리던 어느 날이었다. 우산을 챙기지 못해 비를 잔뜩 맞고 들어온 날이었다.

너무 피곤해서 그냥 잠든 것이 화근이었는지, 다음 날 나는 고열이 오르기 시작했다. 몸은 불덩이 같았고, 기침이 시작되었다. 독감에 걸린 것이다.

아침이면 언제나처럼 아침 햇살이 경사진 천창으로 가득 들어찼다. 평소에는 이 아름다운 햇살이 지금은 고통스럽게 일찍 깨어나게 만들어 아픈 몸이 더 선명하게 느껴졌다.

회사에 연락해서 출근이 어렵다고 이야기했다. 회사에서는 결근 이유를 묻지는 않았다. 이유를 묻는 것이 당연했던 나의 조국과는 달랐다. 프랑스에서는 결근 사유를 묻는 것은 개인의 프라이버시 침해라고 보기 때문이다. 그래서 편했다. 아픈 이유와 억지로 미안해할 필요가 없기 때문이다.

하루를 푹 쉴 수 있다는 생각에 잠부터 좀더 자야 몸이 나을 것 같았다. 그러기 위해서 빛이 들어오는 저 천창의 블라인드를 내려야 했다. 천창의 높이가 높아서 책상을 끌고 의자를 올려서 간신히 블라인드를 내릴 수 있었다. 이사 온 후 처음 내린 것이다. 블라인드를 내리자 빛이 한 줄기도 새어 들어오지 않았다.

침대에 누워 눈을 감았다. 편하게 잠들 수 있을 것 같았다. 완전한 암흑이었다. 그렇게 잠을 청하려 누웠는데, 아주 얇은 빛줄기가 내 얼굴에 비쳤다. 눈이 부셔서 벌떡 일어나 천창을 바라봤다. 하지만 천창에서는 아무런 빛도 새어 나오지 않았다. 힘든 몸을 일으켜 주변을 살폈다. 스탠드라도 켰나 해서 주변을 살폈는데 도저히 믿기지 않는 광경이 눈에 들어왔다. 장식이었던 그 오래된 문짝의 열쇠 구멍에서 빛이 아주 희미하게 새어 나오고 있었다. 분명 문짝은 그냥 벽에 붙어 있는 것인데 어떻게 빛이 새어 나오는지 이해할 수 없었다. 고개를 돌려 네 방향의 문짝을 모두 보았는데, 네 개의 문 열쇠 구멍에서 빛이 희미하게 흘러나오고 있었다. 오싹한 기분에 얼른 스탠드의 간접등을 켰다. 방이 밝아졌고, 나는 네 개의 문 중 하나의 문짝에 열쇠 구멍을 자세히 살펴보았다.

'아니구나! 빛이 새어 나오는 것이 아니구나.'

눈을 가져다 대니 확실히 빛이 새어 나오는 게 아니었다. 다시 안심하고 스탠드를 껐다. 다시 어둠이 방을 가득 채우고, 나는 침대에 누웠다.

그런데 그 문짝의 빛이 또 보이기 시작했다. 착시현상이라 확신하던 차에 어둠을 손으로 가로저으며 문 앞으로 다가갔다. 문 열쇠 구멍에 눈을 가져다 대자 믿을 수 없는 광경이 펼쳐졌다. 작은 열쇠 구멍이지만 요즘 근래에 만든 열쇠 구멍과는 달리 얇은 연필은 들어갈 수 있을 정도의 구멍이어서 눈으로 뭔가를 확인할 수 있었다.

구멍 너머 보인 것은 숲이었다. 밝은 빛을 담고 있는 숲이었다. 믿기 힘들어 내 눈을 몇 번이고 비빈 후, 다시 쳐다보았지만 분명 숲이었다. 놀라서 손을 허우적대며 스탠드를 찾아 불을 켜고, 제대로 보기 위해 다시 열쇠 구멍으로 눈을 가져다 대었다.

아무것도 보이지 않았다. 어두컴컴한 구멍이었다.

나는 무엇에 홀린 것처럼, 열쇠 구멍에 맞는 열쇠를 찾아놓고 스탠드 불을 다시 껐다. 다시 어둠이 밀려오고 구멍으로 숲이 보였다. 조심스레 열쇠 구멍에 열쇠를 밀어 넣었다. 그리고 조심스레 열쇠를 돌렸다.

'삐그덕 철컥.'

오래된 쇠뭉치 잠금장치가 열리는 소리와 함께 문이 열렸다. 조금 열린 틈으로 엄청나게 밝은 빛이 방에 새어 들어왔다. 두근거리는 가슴을 부여잡고 문을 열었다.

'세상에! 이게 뭐지? 여기 웬 숲이 있는 거지?'

혼잣말로 중얼거렸다. 누군가에게 내 존재를 알리고 싶었는지 혹은 무서웠는지 모르겠지만 나는 입으로 소리내서 이야기했다.

"거기 아무도 없어요? 누구 없어요? 아무도 없나요?"

내 외침에 새소리와 바람에 나뭇잎이 흔들리는 소리, 그리고 물소리가 들려왔다. 겁이 났지만 또 한편으로는 마음이 편해졌다. 나는 숲을 좋아했기 때문이다. 너무 바빠서 그동안 산행을 못했다. 그랬던 차에 마치 꿈같은 일이 일어난 것이다.

문이 닫히면 어쩌면 다시 열리지 않을지도 몰라서 의자를 문에 끼워 넣었다. 그리고 신발을 신고 나가려고 스탠드를 찾았다. 스탠드를 켜고 신발장에서 깨끗한 등산화를 찾아 신고 다시 문 앞에 섰다. 그런데 벽이었다. 숲이 없어졌다.

이제 어느 정도 확신이 들었다. 내부에 빛이 없어야 문 안쪽 공간이 만들어지는 것 같았다. 스탠드를 끄자, 다시 숲이 나타났다.

조심스레 문을 지나 숲으로 발걸음을 옮겼다. 숲으로 나아가면서 계속해서 뒤를 쳐다보며 문을 살폈다. 문은 그대로였다. 약간의 안심을 하고 숲으로 더 나아갔다.

숲의 소리가 더 선명하게 귓속으로 들어왔다. 마음이 편해졌다. 빛도 따사롭게 내려앉았고, 산들바람이 살짝 내 볼을 간지럽혔다. 봄의 어느 날, 숲을 거닐고 있는 기분이었다.

물소리가 조금씩 커졌다. 물가로 가는 것 같았다. 무성한 나무가 내 앞에 보였고 무성한 나뭇잎은 내 얼굴까지 내려와 있어, 손으로 나뭇잎을 밀어내며 들어갔다. 그 거대한 나무 뒤로는 시냇물이 졸졸 흐르고 있었다.

숲에 가면 하던 것처럼, 신발을 벗고 시냇물에 발을 담갔다. 근처 바위에 앉아 뒷짐 지고 발을 담근 채 눈을 감고, 햇빛을 향해 얼굴을 내어주었다.

독감이었던 내가 아닌 것 같았고, 몸은 깃털처럼 가볍게 느껴졌다. 가볍게 물장구를 치며 여유를 느꼈다. 그리고 하품이 났다. 모든 것이 따사롭고 평온하니 몸이 이완되고 잠시 잠을 청하게 되었다. 조금만 자고 돌아가야겠다고 생각했다.

그리고 얼마의 시간이 지났을까? 눈을 비비며 기지개를 켜며 일어났다. 앞이 캄캄했다. 밤이 되어버린 건지 앞이 하나도 보이지 않았다. 심지어 손에 잡히는 감촉은 바위가 아니었다. 천 같았다. 주섬주섬 만져보니 침대였다. 어둡긴 하지만 눈을 비비고 자세히 보니 내 방이었다. 내가 나갔던 문을 보았다. 그런데 문이 닫혀 있었다. 얼른 키를 가져가 문을 열어보았지만 벽이었다. 딱딱한 벽이었다. 꿈을 꾼 것 같았다.

몸이 아파서 꿈을 꾼 것 같았다. 그래도 너무 현실 같아서 스탠드를 켜고 끄고 했지만 변화는 없었다. 하지만 몸은 더 이상 아프지 않았다.

아무리 생각해도 너무 현실 같았다. 그래서 여기저기서 증거를 찾기 위해 애썼다. 스탠드를 켜고 끄고, 블라인드를 열고 닫고 하다가 한 가지 생각이 떠올랐다. 바로 등산화다. 신발장으로 달려가 내가 신었던 깨끗한 그 등산화를 찾았다. 오랫동안 산행을 하지 못해 깨끗할 것이다. 하지만 꿈이 아니라 현실이었다면 다를 것이다.

찾았다! 등산화의 밑바닥에는 흙이 묻어 있었다. 분명 진짜였다. 앞으로 이 집에서 네 개의 신비한 문과 어떤 일이 펼쳐질지 묘한 호기심이 들었다. 무섭기보다는 뭔가 묘한 기대감이 들었다.

이 집은 마법의 집이다.
그리고 이제 미지로 떠나는 여행을 시작할 생각이다.
네 개의 문과 열쇠, 그리고 한 개의 미지의 열쇠를 가지고 여행을 시작할 것이다.

작가의 글
세상의 풍파에서 당당히 맞서는 1인가구에게, 판타지 같은 때론 아늑한 쉼터 같은 주거가 필요합니다. 집은 그 사람의 맞춤옷입니다. 아무리 작아도 당신을 닮은 아름다운 공간이 바로 집입니다.

단편소설

중력

백이원(소설가)

사람이 들고난 자리가 이렇게 절망적일 수가 없다.

특히 다시는 돌아오지 않을 사람이 떠난 자리는 애당초 기대를 하지 않고 들어서는 게 좋다. 희망사항이 사소한 것일수록, 그러니까 설거지 거리가 남아 있지 않다거나 사용하지 않은 수건이나 비누 따위가 제자리에 있다거나 하는, 이런 대단치 않은 바람이 가죽 소파 위에 던져진 훈제 닭다리나 변기통에 쑤셔 박혀 있는 핸드타월이 되어 나타날 때, 그때는 참으로 참혹하고 절망적이다. 희망은 현실에 가까울수록 구차스러웠고 절망은 막연한 심경이 아니라 구체적인 몸의 언어였다.

1219호는 베드룸 두 개에 화장실 두 개로 10달러짜리다. 숙박비가 그렇다는 건 아니다. 9달러는 1219호 하루 숙박비의 십

분의 일도 안 되는 액수다. 내가 1219호를 말끔히 치웠을 때 받는 돈이 그렇다. 원래는 15달러지만 용역회사에서 5달러가량을 떼고 준다. 소개비, 청소 도구와 약품 사용비 등의 명목이다.

아티는 하우스키퍼 팀의 매니저인데 인도 사람이라고 했다. 그래서인지 스무 명의 하우스키퍼들 중 인도 사람이 열 명은 됐다. 나머지 열 명이 한국에서 온 나와 대만, 콜롬비아 사람들로 골고루 섞였다. 돈은 주급으로 받는다. 주급은 일급이 쌓여서 나온다. 일급은 하루에 어떤 객실을 몇 개 치웠느냐에 따라 벌이가 달라진다. 배정받는 객실의 개수는 매니저 마음이다. 보통 하루에 일곱 개 정도는 배정받는다. 하우스키퍼들은 아티에게 잘 보이려고 커피나 샌드위치 따위를 갖다 바쳤다. 기껏해야 손님이 남기고 간 음식들을 챙겨주는 정돈데 나는 그러고 싶지 않았다. 얼굴 모르는 사람이 버린 음식을 챙기는 모양새도 싫고 아티에게 비굴하게 굴고 싶지도 않았다. 뜯지 않은 시리얼이나 사과, 유통기한이 남은 우유, 계란, 스낵, 가끔은 고급 양주까지. 손님이 떠난 객실에는 먹을 수 있는 음식이 많았지만 나는 모두 쓰레기 자루에 버렸다. 청소카트보다 몸집이 큰 쓰레기 자루를 끌고 다니는 덕에 '산타'라는 별명을 얻었다. 별명이 어떻든 간에 내 기분은 전혀 메리 크리스마스 하지 않다.

아티가 내게 돈이 안 되는 객실이나 파티가 있었던 객실을 몰아주는 일이 잦았다. 돈이 안 되는 객실은 데일리서비스만 허용하는 객실인데 침대 시트만 갈지 않는다 뿐이지 화장실 청소나 설거지는 해야 한다. 노동 강도는 비슷하고 가격은 5달러로 내려간다. 파티가 있었던 객실은 당연히 난장판일 경우가 많다. 객실 하나에서 빈 맥주병만 50개가 넘게 나온 적도 있다. 각양각색의 맥주병이랑 숨바꼭질을 하느라 청소시간을 속수무책으로 잡아먹었다. 결국 그날 맡은 할당량을 다 못 채웠다. 일급이 반으로 줄었다. 나는 다 쓴 샴푸통에 물을 채워 일주일을 더 썼다.

　운이 없었다고 스스로 달래며 몇 주 버텨봤지만 같은 상황이 빈번해지자 속이 끓었다. 거칠게 항변하겠노라 마음먹었다. 객실 배정이 끝나고 돌아서는 아티를 불러 세웠다.

　익스큐즈미 아티.

　와이 산타?

　엄…. 엄…. 메리 크리스마스….

　왓? 왓 아유 토킹 아 유 키딩 미?

　익스큐즈미 다음에 쏟아내야 할 말들은 전자사전에 나와 있지 않았다.

　익스큐즈미 하고 메리 크리스마스 하느니, 하우 아 유 하면 퐈인 탱큐 앤쥬. 하는 게 낫다.

　나는 정말이지 한국에서 받아온 모든 영어 교육을 환불받고 싶었다.

내가 일하는 곳은 자살 타워다.

물론 그랜드 어쩌고 라는 진짜 이름이 있지만 이곳 사람들은 자살 타워라고 부른다. 자살 타워라는 이름은 창밖으로 하루에도 수십 번씩 사람이 떨어지는 광경을 볼 수 있다고 해서 붙여졌다고 했다. 바다에는 늘 인명 구조를 위한 배가 떠 있었다.

자살 타워는 도시에서 가장 높은 건물에다가 바로 앞에 바다를 끼고 있어 전망이 좋다. 특히 스카이다이빙 명소로 유명하다. 사람들이 뛰어내리는 이유가 여기에 있다.

자살 타워는 레지던스 호텔로 각 객실마다 키친이 딸려 있다. 베드룸에 거실, 화장실까지 청소하고 키친까지 살피려면 할당된 시간 안에 청소를 끝내기가 빠듯하다. 세탁기를 돌려놓는 일도 하우스키퍼들의 몫이다. 그래서 하루에 설거지가 없는 객실이 두 개 이상 걸리면 우리 식으로 말해서 그날 봉 잡았다고 한다.

여기서 손님들은 변기통에 볼 일을 보고 물을 내리는 일도, 쓰레기는 쓰레기통에, 입었던 속옷은 세탁기에 넣는 일도 하지 않아도 된다. 원하는 만큼 싸고 버리고 던져놓기만 하면 된다. 여기에 툭, 저기에 툭, 툭. 툭. 툭. 바닥으로 던져놓기만 하면 된다.

나는 중력이 받아놓은 온갖 것들을 주워 담고 버리고 제자리로 돌려놓는다.

사람의 흔적은 지우는 것이 아니라 치우는 것이다. 적어도 여기선 그렇다. 1219호의 손님이 남겨놓은 모든 흔적이 깔끔히 지워지려면 핵이 터져 모두 재가 되거나 하우스키퍼가 들어서야 한다. 1219호에서 나는 중력과 싸운다. 결국은 내가 이긴다. 허리 한 번, 무릎 한 번 굽히면 바닥에 붙은 온갖 것들을 움직이고 들어낼 수 있다. 다만, 매번 화려하게 펼쳐지는 나의 몸사위가 처절한 것은 전쟁에서 승리하고 호기롭게 점령한 이 고지가 내일이면 다시 난장판이 되리란 걸 알고 있기 때문이다. 결국 나의 몸짓은 1219호에 짐을 푸는 모든 손님의 안성맞춤을 위한 것에 지나지 않고 그가 수건을 던져놓기에 더 편리한 동선을 만드는 데 그 몫을 다한 것이다. 내가 중력과 씨름하며 찢어진 콘돔이나 물에 젖은 베스타월들을 주워 올리는 동안 하늘에선 열댓 명이 뛰어내렸다. 저 발악을 보라. 인간은 절대로 새들의 우아함을 흉내낼 수 없다. 정말이지 중력은 인간에게 아무짝에도 쓸모가 없다.

역시나 아티는 내게 고약한 객실을 내준 게 분명하다. 3일이상 머무르는 손님은 무조건 키친을 사용한다. 오븐이 되었건, 스토브가 되었건, 하다못해 컵 하나라도 다른 손님보다 더많이 꺼내 쓴다. 체크아웃된 객실은 상황이 더하다. 객실로 돌아오지 않을 사람들은 꼭 안 해도 됐을 법한 짓들을 많이 하고

떠난다. 변기에 일을 보고 물을 내리지 않는다거나 쓰지 않아
도 되는 수건을 굳이 꺼내 쓰고 TV를 틀어놓고 나간다거나, 베
개를 바닥에 떨어트리고 이유 없이 질겅질겅 밟아놓기도 한다.

1219호 청소만 일주일째다.

첫날부터 기름떡칠이 된 오븐을 보고 1219호 손님은 이 객
실을 3일 이상 쓰겠구나 싶었다. 입구에 들어서자마자 손님이
입다 벗어놓은 진회색의 삼각팬티가 꿉꿉한 냄새를 풍겼다. 심
지어 1219호는 저 팬티를 남겨둔 채 오늘 체크아웃 됐다.

인도어로 개 같은 년이 뭘까.

개 같은 년은 너무 심한가?

그럼 돼지 같은 년은 어떨까.

나는 손님이 버리고 간 팬티를 주워 들며 낯선 나라의 욕을
상상했다.

소파에 나뒹구는 닭다리엔 굳은 기름이 허옇게 일어나 있
었다.

소스가 담긴 접시는 언뜻 봐도 끈적끈적해 보였고 그것들
에서 익숙지 않은 비린내가 났다.

대체 닭에다가 뭔 짓을 한 거지?

이건 어느 나라 조리법일까.

나는 이빨자국이 선연한 닭다리를 주워 들며 낯선 나라의 요리를 상상했다.

사뭇 내가 한국을 떠나왔다는 사실이 실감났다. 11월이 넘어서자 기온이 치솟아 오르기 시작했다. 여름이 다가오면서 파도가 좋은 남태평양 해변에 서퍼들이 몰려들었다. 자살 타워는 코앞에 온 성수기를 준비하느라 여느 때보다 분주했다.

어젯밤 아버지는 타국에 있는 딸에게 전화해 글로벌한 환경의 중요성을 역설하셨다. 나간 김에 글로벌 인재가 되어 오라는 그 당부에 차마, 아버지 전 산타가 되었어요. 라고 말하지 못했다. 어느 호텔에서 관리 업무를 돕고 있다고 둘러댔는데 아버지는 기뻐하셨다. 호텔이라면 온갖 나라에서 사람들이 다 모이겠구나. 친구를 만들어라. 글로벌 인재의 첫 번째 조건이다. 누구든 내 사람으로 만들 줄 알아야 한다. 아버지는 힘주어 말했다.

아버지는 모르시는 게 낫다. 낯선 나라에서, 낯선 언어를 상상하고, 낯선 비린내를 킁킁거리는 너무도 글로벌한 나의 처지를.

누가 등 떠밀어 떠나온 것은 아니다.

대학을 다닐 때 유행을 넘어 필수처럼 여기던 어학연수는 집안 형편이 어려워 갈 수 없었다. 그렇다고 처지에 대한 원망이나 열등감 따위가 만든 치기로 결심한 것도 아니다. 이제 와서 나갔다 오는 것이 앞으로 쓸 만한 경험이 될 것이라는 보장도, 기대도 없었다. 더구나 내가 받을 수 있는 비자는 어학연수를 집중적으로 하는 학생비자도 아니었다.

대학을 졸업하고 학자금이 눈덩이처럼 쌓여 있었지만 취업이 쉽게 되지 않았다. 경제상황이 워낙에 어렵다고 하니, 나라도, 기업도, 가계도 힘들다고 하니 비단 나뿐만이 아니라 몇 십만 명이 취업을 못하고 있다고 하니 그렇구나 했다. '나만 그런 게 아니래'는 꽤 좋은 위로였다.

어느 기업의 인턴 자리로 들어갔을 때는 운이 좋다고 생각했다. 인턴 기간이 끝나면 아르바이트로, 아르바이트마저도 어려울 땐 취업공부를 했다. 구직자들이 정보 교환을 위해 만든 인터넷 카페는 접속하기만 해도 마음이 훈훈했다. 너도나도 다 아는 취업공부 말고도 한자는 2급 정도 따야 쓸 만하다. 유통관리사 자격증이 뜬다더라. 제2외국어로는 일본어가 배우기 쉽다. 이런 식의 취업공부를 서로에게 자세히 조언했다. 위로와 용기를 건네는 댓글에 댓글이, 그 아래 댓글에 또 댓글이 하루에도 수십 개씩 달렸다. 보호색을 띤 산호덤불을 찾아온 가여운 물고기들처럼 비슷한 처지의 사람들은 모여들었고 흩어질 줄 몰랐다. 개중에는 눈이 맞아 알을 까는 사람들도 생겨났다. 그럴 수 있었던 것은 누구보다도 인터넷 카페 운영자의 몫이

컸다. 우리는 그를 흔히 운영자의 운을 떼고 영자 씨라고 불렀는데 누가 봐도 영자 씨만큼은 곧 번듯한 직장을 구할 것 같았다. 그의 리더십은 단연 돋보였다. 특유의 활발함으로 정기모임을 주선했고, 정기 모임에 나갔다 온 사람들이 올린 후기는 온통 영자 씨 칭찬으로 가득했다. 외모, 성격, 유머감각은 물론이고 심지어는 맥주가 가득한 500cc 맥주잔을 한 손에 다섯 개씩 들고 날랐다는 탄탄한 근력과 봉사 정신까지 후기로 올라왔다. 나는 왠지 쑥스러워 정기 모임에 한 번도 나가질 못했지만 후기에 올라온 단체사진에서 그를 한눈에 알아볼 수 있었다. 가장 호방하게 웃고 있는 영자 씨였다. 어느 날 영자 씨는 말했다. 제가 만약 취업이 된다고 해도 카페를 폐쇄하지 않겠습니다. 여러분 곁에서 늘 지금처럼 응원하겠습니다. 모두 모두 파이팅! 그의 글 밑으로, 역시 우리의 영자 씨가 최고예요. 영자 씨 감동이에요. 영자 씨 덕분에 힘이 나네요. 등등의 고마움과 든든함을 표현한 댓글 세례가 쏟아졌다.

그런 우리의 영자 씨가 마포대교에서 몸을 던졌다. 카페 활동으로 만난 이들이 유일한 친구였다는 영자 씨. 마포대교에서 마지막으로 카페 회원에게 전화를 해서는 "힘내세요"라고 말했다는 영자 씨. 경찰 추정 수년 동안의 취업 실패를 비관한 투신이 생의 마지막이 된 영자 씨.

그의 마지막 전화를 받았던 회원이 경찰 조서를 마치고 돌아와 영자 씨의 투신을 알렸다. 나는 그날 온갖 언론의 사회면을 샅샅이 뒤졌다. 사회면이 아니라면 경제면을, 아니라면 정치면을 혹시 문화나 국제면을.

덕분에 천연기념물로 지정된 어느 지방 토종개의 늠름한 모습을 봤고 외국의 유명한 팝가수가 내한한다는 소식, 남미의 어느 대통령이 재선에 성공했고 국회의원의 월급이 끝내주게 많다는 것을 알았다. 영자 씨 얘기는 어디에도 없었다.

영자 씨의 부산스러움을 볼 수 없게 된 카페는 급히 황폐해졌고 북적이던 회원들도 하나둘 탈퇴했다. 횅댕그렁한 카페는 스스로 사라지지도 못한 채 차고 넘치는 인터넷 카페들 사이에서 유령처럼 부유했다.

어디든 단단히 발붙이지 못하고 떠도는 건 영자 씨의 카페만이 아니었다. 영자 씨가 투신하고 난 뒤에야 발견한 내 모습은 만성적인 무기력에 시달리고 있었다. 하는 일이라곤 성실하게 취업 카페에 들락거리는 것이 전부였지만, 새로 올라온 취업 정보를 숙지하고 좋다는 인터넷 강의를 찾아 듣느라 홀로 분주했다. 영자 씨와 함께하는 동안엔 적어도 막연히 시간을 때우고 있다는 생각은 들지 않았다. '나는 지금 뭔가를 하고 있어'는 '나만 그런 게 아니래'와 더불어 위로의 시너지를 내뿜었고 그래서 나는 괜찮았다. 그런데 마포대교에서 떨어진 영자 씨를 강물이 집어삼키고 나서부터 인터넷 카페와 현실 사이에 몸이 붕 떠버렸다. 불안과 무기력으로도 하루하루가 잘 갔다. 어떤 날은 지하철을 타고 가다 어느 노인에게 된통 욕을 얻어먹었는데, 내가 당신 가려던 길을 막고 섰다는 거였다. 내 몸 하나 비집고 서 있기 어려운 만원 지하철이었다. 거침없는 노인의 욕지거리에 모두들 당황한 눈치였다. 거, 저 사람 왜 그러시나. 노인과 같은 연배로 보이는 누군가가 나 대신 한소리했는데 그 불똥이 다시 나한테 튀어 좀처럼 수위의 끝을 알 수 없는 욕무더기가 쏟아지기 시작했다. 나는 그 자리에 서서 있는 욕을 다 들어 먹고 끝내 한 마디 내뱉었다.

흐응.

이었다. 흐응. 흐응. 흐응.

아무것도 할 수 없는 나와 아무것도 하기 싫은 내가 할 수 있는 것은 고작 흐응뿐이었다.

그러다 막연히 떠나왔다. 그냥 왔다. 이래도 흐응, 저래도 흐응 하며. 그렇게 특별한 희망도 갖지 않고 권유도 강요도 포부도 없이 흘러들어온 곳이 자살 타워였다. 갖고 있던 얼마 안 되는 돈은 증발한 지 오래고, 이 도시에서 밥을 먹고 방세를 내고 샴푸를 사야 했기 때문에 돈이 필요했다. 알량한 대학 졸업장 덕에 아르바이트도 사무직만 전전하며 책상물림만 할 줄 알았지 하우스키퍼에게 요구되는 노동의 강도가 얼마만큼인지 몰랐다. 용역회사의 알아들을 수 없는 설명에 오케이만 두 번

하고 계약서에 날인했다.

　　1219호는 원래 3인 이상 투숙객을 위한 객실인데 아마도 이 남자는 혼자, 가끔 여자를 들이며 썼던 것 같다.

　　두 개의 침대 중 침구가 헝클어진 것은 한 개뿐이다. 손님이 전혀 사용하지 않은 침대는 시트를 갈지 않아도 된다는 방침이 있지만 예외일 경우는 지금 1219호 같은 상황이다. 두 개의 침대 중에, 침구를 사용한 흔적이 명백한 침대는 하나. 이건 무조건 시트를 갈아야 한다. 그럼 나머지, 침구를 전혀 사용하지 않았으나 염병하게도 침대 위에 사람이 앉거나 누웠던 흔적이 있는 경우 역시 시트를 갈아야 한다. 1219호에 투숙했던 손님은 혼자 하나의 침대만을 사용하면서 괜히 옆에 붙어 있는 베드룸에 넘어와 누웠다가 앉았다가 해봤다는 것이다. 하우스 키퍼가 침구를 새로이 세팅할 때, 만지면 손이 아릴 정도로 빳빳하게 다려진 시트로 하거니와 새로 바꿔놓은 시트 표면을 최대한 편평하게 정리하는 것이 원칙이기 때문에 누군가가 아주 살짝 침대에 앉았다 일어나기만 해도 그 둔부의 흔적이 고스란히 남아 있게 된다. 보아하니 누웠다가 앉았다가만 했나 보다. 차라리 침구 속으로 몸이나 한번 쑥 넣었다 빼놨으면 이렇게 억울하진 않겠다.

　　베드룸 두 개짜리를 남자 혼자 사용한다는 사실을 알고 내심 좋았다. 허리 굽힐 일이 줄어들겠구나 싶었다. 1217호가 개똥밭이라도, 1218호에서 파티가 있었어도 1219호만 생각하면 한결 기분이 좋아졌다. 아티가 이번엔 잘 골라줬나 보다. 커피라도 하나 챙겨다 줄 생각까지 들었다.

하우스키퍼가 되고부터 어깨가 결리고 손목이 아려서 밤새 뒤척이는 일이 잦았다. 특히 무릎이 시리고 허리가 아팠다. 검은색의 유니폼 바지는 무릎께가 점점 얇아지더니 허옇게 색이 바래기 시작했다. 청소기에 흡입되지 못한 먼지들을 줍거나 침대 매트리스를 들어올릴 때, 높이가 허벅지까지 올라오는 청소기 본체를 밀고 다닐 때도 무릎은 요긴하게 쓰였다. 덕분에 청소된 객실은 반질반질 윤이 났지만 무릎은 삐거덕거리며 앓는 소리를 냈다. 몸을 써서 일을 하기 시작하면서 간절한 게 생겼는데 말끔하게 빈 개수대와 쓰레기통에 들어가 있는 쓰레기, 제자리에 놓여 있는 베개나 TV 리모컨이 그런 것이다. 거기에 미리 비치해둔 여분의 수건이 반밖에 사용되지 않았다면 정말 땡큐베리머치다. 이런 사소한 희망들이 하루에 절반이라도 이뤄지면 몸뚱이의 고단함이 덜했다. 그래서 간절했다. 구차한 바람인 걸 알면서도 자꾸만 희망했다. 당장 무릎을 덜 굽혀도 된다는 사실만으로도 충분히 신나는 순간이었다. 그러나 그런 사소한 희망이 무너진 현장은 실로 참혹했다. 몸을 더 굽혀야 한다는 것이, 시린 무릎을 또 끌어야 한다는 것이 무엇보다 절망적이었다.

바닥에 널브러져 있는 온갖 것들을 걷어내야 한다는 것이, 누군가가 하릴없이 누웠다 말았다는 이유로 30kg이 넘는 매트리스를 다시 들어올려야 한다는 것이 너무나 구체적인 현실이라서 따라붙은 절망도 그만큼 생생했다. 희망도, 절망도 몸뚱이로 들어왔다 나갔다.

한국에서 상상했던 막연한 희망들. 취업이나 연봉의 수준, 남자친구의 생김새 등도, 늘 이뤄지지 않았지만 실패로 끝난 결과나 실망감들도 막연함의 언저리를 맴돌다가 흩어졌다. 그러나 몸으로 체험해야 하는 절망감은 펄떡이며 살아 있어서 몸 밖으로 뛰쳐나가기도 하고 속으로 훅 들어오기도 했다.

나는 정말로 중력과 매번 싸우는 기분이었다. 건드리면 떨어지고 던지면 바닥에 붙는 법칙 때문에 일이 줄었다 늘었다 했다. 들어올리고, 줍고, 시트에 남겨진 중력의 흔적까지 치우고 또 치웠다. 자살 타워 밖으론 여전히 많은 사람들이 뛰어내리고 있었지만 나는 보란 듯이 위로 물건들을, 쓰레기를 쳐올렸다. 한국에서 갖고 온 흐응 정도의 물렁한 감정이 날이 갈수록 단단해지고 이리저리 조탁되고 있었다. 투박하지만 날이 서고, 윤이 나기 시작했다.

1만 4천 피트 상공에서 지상에 착지하는 데까지 걸리는 시간 1분. 비용 380불. 사진 및 비디오 촬영 별도. 하늘에서 만나는 꿈과 환상의 세계. 극도의 짜릿한 체험. 사망보험 가입 안

됨. 안전 사고 동의서 필수. 어디서도 만날 수 없는 판타스틱한 경험. 지금 당장 문의하세요. 안내데스크에서 필립을 찾아주세요. 세계 최고 전문 다이버와 함께. 홈페이지에서 자세한 정보를 얻으세요. www.

자살 타워가 권하는 스카이다이빙 프로그램 팸플릿을 드문드문 읽었다.

세계 최고 전문 다이버라는 사내들이 호탕하게 웃으며 팸플릿 전면에 나와 있다.

예스 유 캔.

사내들은 엄지손가락을 위로 치켜들었다.

1219호 남자가 떠난 화장실을 치우기 시작했다. 샤워 부스에 물을 뿌렸다. 주의, 보호안경을 착용하고 사용하세요. 친절하게 안경을 쓴 얼굴을 그림까지 그려놓은 약품 뚜껑을 열었다. 물론 보호안경은 쓰지 않았다. 보호안경은 하우스키퍼들에게 지급되지 않는 물품이다. 눈이 따갑고 속이 메슥거렸다. 하얀 거품이 일어나는 약품을 물 뿌린 샤워부스에 발랐다. 고무장갑을 챙겨 꼈지만 크기가 맞지 않아 쉬이 벗겨진다. 약품이 손등에 닿아 화끈댄다. 얼른 물로 씻어내야 하지만 샤워부스를 지금 닦아내지 않으면 얼룩이 남는다. 얼룩이 남으면 아티가 분명 다시 불러낼 것이다. 그럼 나는 참지 못하고 "개 같은 년아"라고 할지도 모른다. 아티는 어쩌면 한국말로 하는 욕을 다 알아들을지도 모른다. 그렇게 되면 나는 해고될 게 분명하다. 나는 아직 한국으로 돌아갈 비행기 삯을 다 모으지 못했다.

거품을 먹은 물기가 부스 아래로 쉼 없이 떨어진다. 재빨리 솔질을 해야 한다. 솔질을 물기가 떨어지는 방향대로만 하면 부스 바닥에 약품때가 쌓여서 발라놓은 실리콘이 누렇게 변색된다. 아티가 제일 싫어하는 부분이다. 나는 아래로 내리는 척했다가 다시 위로, 다시 아래로 다시 위로 솔질을 한다. 유리 부스 표면에 물결이 진다. 솔질이 끝난 부스에 다시 물을 뿌린다. 하우스키퍼들에게 마른 걸레가 따로 지급되지 않기 때문에 손님이 쓰다간 수건으로 물기를 닦아내야 한다. 피가 묻어 있는 수건은 양호한 편이다. 도대체 수건으로 뭔 짓들을 하는지. 온갖 것들이 다 발라져 있어 말끔해진 유리를 더 더럽히기도 한다. 1219호 남자는 의문의 닭요리를 해먹으며 흘린 소스를 수건으로 닦았나 보다. 유리에서 닭 비린내가 난다.

객실 청소의 마지막은 방향제 뿌리기다. 키친을 제외한 바닥에 카펫이 깔려 있어 늘 해묵은 먼지 냄새가 난다. 그걸 없애자고 방향제를 뿌려대라는데 1219호에 들어설 새로운 손님에겐 산뜻한 향기겠지만 하우스키퍼들에겐 화장실 청소 약품만큼이나 강력한 세제다. 급하게 손으로 입과 코를 막아보지만 내내 쓰레기를 만진 손에선 더 역한 냄새가 난다. 속에서 쓴물이 올라오고 구역질이 치밀어 테라스로 튀어나갔다.

테라스 너머로 여덟 명이 뛰어내리고 있다.

멋모르는 고객 넷과 고객과 한몸이 된 전문 스카이다이버들까지. 한몸에서 여덟 개의 팔과 다리가 허공에서 휘적거린다. 저 몸짓이 살려 달라는 건지, 짜릿해 죽겠다는 건지 잘 모르겠다.

ㅊㅘㄱ. ㅊㅘㄱ. ㅊㅘㄱ. ㅊㅘㄱ.

어느 순간 다이버들이 메고 있던 낙하산을 폈다. 한없이 떨어질 것만 같던 몸뚱이들이 한껏 조여지며 빠른 속도로 감겨 올라가더니 다시 아른거리며 부드럽게 아래로 내려온다.

마지막 낙하산의 착지를 끝으로 1219호의 청소가 끝났다.

관리실에 붙어 있는 퇴근표에 대충 사인을 하고 녹초가 된 몸으로 로비로 내려왔다.

다이빙을 끝낸 풋내기들이 거의 죽을 뻔했다는, 죽다 살아났다는, 한 번 더 하느니 죽는 게 낫겠다는 다이빙 후기를 경박하게 떠들어대느라 로비가 시끌벅적하다. 자살 타워에서 벗어나 해변을 따라 걸었다. 방금 전의 풋내기들과 함께 뛰어내린 전문다이버들이 자신의 낙하산을 접고 있다.

자살 타워 위로 나풀대는 저들의 낙하산을 볼 때마다, 횅한

등허리로 다리 아래로 추락했을 영자 씨에게 늘 미안했다. 영자 씨 말고도, 영자 씨와 같은, 수많은 영자 씨들에게는 중력을 걸러줄 어떤 것도 이 땅에 없음이 분했다. 저들이 한가롭게 중력을 즐기고 있을 때 바닥에 눌어붙은 것들과 싸워야 하는 내 처지가 억울했다.

가까이에서 본 낙하산의 크기에 놀랐다. 장신의 남자들을 열 명은 족히 감쌀 만한 거대한 천이었다. 또 낙하산을 접는 모양은 어찌나 꼼꼼하고 숙연하던지 지켜보다 숨이 절로 잦아들었다.

그들의 행동은 일종의 루틴처럼 보였는데, 네 명의 다이버들은 자신의 낙하산을 전용 가방에 넣고 동그랗게 모였다. 그러곤 무릎을 꿇더니 서로의 낙하산에 입을 맞췄다. 서로의 어깨를 동그랗게 감싸고 쓰다듬고 토닥였다.

그들이 입은 바지가 모두 낡았다는 것이 새삼 눈에 들어왔다. 특히 엉덩이와 허벅지 사이에 여러 겹의 천을 덧댔는데, 그마저도 다 해져 실밥이 터져 나왔다. 언뜻 보면 누더기로 오해할 정도로 상태가 엉망이었다. 가장 나이가 있어 보이는 한 남자가 바지춤에서 꺼내든 것은 사진이다. 온화해 보이는 여자가 갓난아이를 안고 있었고 그 앞으로 곱슬머리에 폴로셔츠를 입은 사내아이와 이제 막 봉긋하게 가슴이 올라온 여자아이가 수줍게 웃고 있었다. 그는 그 사진에 입을 맞추고 또 맞췄다.

다이버들이 낙하산 가방을 어깨에 짊어졌다. 그 밑으로 주렁주렁 뭐가 달렸다 싶더니 안전벨트였다. 다리 한 쪽씩을 사이에 넣고 허리에서 벨트를 쭉 잡아당겼더니 그들의 엉덩이와 허벅지에, 천을 덧대고 덧댄 그 부위에 벨트 이음새가 착 달라붙었다.

그들은 오늘만 하루에 다섯 번을 하늘에서 뛰어내렸다. 곧 여섯 번째가 될 것이다. 오늘도 무사히 살아남기를. 갓 태어난 아들의 볼에 다시 한 번 입을 맞추고 딸아이가 데려온 남자 친구와 저녁 식사를 할 수 있기를 기도했다.

비행장으로 가기 전에 그들은 의식적으로 큰 소리를 냈다. 서로에게 엄지를 치켜세우며. 예스 유 캔. 예스 유 캔.

매일 밤 남편의 바지를 꿰매며 안도의 숨을 내쉴 그들의 아내와 습관처럼 하늘을 올려보는 그들의 아이들을 곁으로 그들이 오늘 저녁도 건강한 두 다리로 뚜벅뚜벅 걸어가준다면 고맙겠다고 생각했다. 낙하산을 짊어진 그들의 뒷모습을 보며 팔을 돌려 내 등을 쓰다듬었다.

꼭 내 무게만큼을 지탱하고 있는 단단한 척추가 만져졌다. 지금 이 땅에 발붙이고 서 있게 하는 나의 낙하산이 고이 접혀 촘촘히 박혀 있다.

영자 씨의 낙하산은 어째서 펼쳐지지 않았을까. 1인용 낙하산이 감당하기엔 너무 많은 무게를 짊어지고 있던 걸까. 밥을 먹고 방세를 내고 샴푸를 사야 하는 1인용 삶이, 누가 말하길

제 몸 하나만 건사하면 되는 것 아니냐는 그 간단한 삶이 실은 펴지지 않을 수도 있는 낙하산을 멘 채 허공에 몸을 던지는 일이란 걸 꼭 그렇게 스스로 실감해야 했을까.

낙하산의 무게가 꽤나 무거운지 그것이 쓸고 간 모래사장의 표면은 굴곡 없이 반듯했다. 나는 부러 그 자리를 골라 땀과 냄새로 얼룩진 몸뚱이를 눕혔다. 눈이 부시니 지난주 퇴근길에 산 5달러짜리 플라스틱 선글라스도 꼈다. 하늘에서 하나둘 낙하산들이 점점이 내려온다. 마지막 낙하산의 착지만 보고 일어서야지 싶었다. 세 개쯤 세었을까. 졸음이 밀려왔고 눈을 떴을 땐 이미 바다와 하늘색이 붉게 바뀌어 있었다.

모랫바닥에 내가 누웠던 자리가 오롯하다. 하루 종일 구겨져 있던 척추를 펼쳐놨던 자국이 거기에 있었다. 처음으로 목격한, 나라는 사람이 들고 나간 자리였다.

외로운 세상
우리 뭉쳐 외롭지 않길

남정미(코미디언 · 서평가)

사공일가 TF를 마무리하고 소회를 적는 백서를 쓰고 있는 지금, 한류 콘텐츠 〈오징어 게임〉으로 전 세계가 난리다. 이 제목의 드라마는 오징어를 닮은 사람들이 모여 누가 가장 대왕오징어를 많이 닮았는지를 선발하는…. 잠깐만, 이상한데…? 그랬다면 내가 출연했어야지. 그렇다면 단연코 상위권에 들어서 상금은 나의 것이 되었을 텐데…. 난 ○△□ 그려진 초대장을 받지 않았어! 아 그럼 그런 내용은 아니었나봐, 다시.

〈오징어 게임〉은 456억 원의 상금이 걸린 의문의 서바이벌에 참가한 사람들이 최후의 승자가 되기 위해 목숨을 걸고 극한의 게임에 도전하는 이야기를 담은 넷플릭스 시리즈다.

'극한의 게임'이라고는 하는데… 저 큰 상금을 걸고 하는 최후의 게임이 겨우 어린 시절 우리가 자주 했던 오징어 게임이었다니. 그런 것을 전 세계 사람들이 숨죽이고 지켜보고 열광하다니!

역시나 그 인기는 10월의 마지막 핼러윈 밤에 증명되었다. 거리는 단연코 오징어 게임 출연자 코스프레로 넘쳐났다. 영화에 나오는 달고나를 만들 수 있는 달고나 키트는 아마존에서 5만 원이라는 말도 안 되는 가격으로 불티나게 팔리고 있고, 700만이라는 엄청난 팬을 확보하고 있는 외국 유튜버는 오징어 게임 세트를 짓는 모습을 영상으로 보여주며 '곧 456명의 참가자를 뽑아 게임을 하겠다'는 소식을 전하고 있다.

눈 떠보니 선진국이라더니. 뭐~야. 웨쿡살람들 왜 쿠러케 케이문화에 욜광하는컨지 모루케쒀욜~ 하긴 종합해보면 우리나라는 항상 앞서갔지. 지금이야 전 세계가 구독경제니, 가상현실이니 제페토니 하지만 이미 1970~1980년대부터 우리나라는 신문·우유·학습지 등으로 구독경제를 선두하고 있었고, 세이클럽·버디버디·싸이월드와 같은 가상현실에서 지금의 비트코인을 대신하는 가상화폐(도토리)를 사용해 미니미를 꾸미고, 사이버 가수 '아담'의 노래를 듣지 않았는가. 우리는 진정 얼리어답터 대한의 아들딸들이었다. 그래. 그러고 보니 〈오징어 게임〉이 전 세계의 주목을 받는 것도 이상하지 않구먼.

오징어 게임. 그것은 별 놀거리가 없었던 시절, 공터 바닥을 캔버스 삼아 작대기 하나만으로 순식간에 똥골뱅이 세모네

모를 일필휘지하게 만들었던… 현재 K웹툰이 세계적으로 뻗어나가는 데 많은 웹툰 작가들의 기초 실력을 다지게 했던 미술시간이었으며, 수비진과 공격진으로 나뉘어 치밀한 작전을 짜면서 '그래, 우리는 한산도 앞바다에서 왜군을 섬멸하셨던 학익진(鶴翼陣)전법의 이순신 장군의 후예였지'를 느낄 수 있는 역사시간이었다. 격한 몸싸움에 지치지 않는 체력이 요구되는 무예의 시간이기도 하였고, 경기를 하는 동안 쉴 새 없이 우리 편의 안바위를 살피고 보호하며 측은지심과 배려를 절로 배울 수 있는 윤리시간이기도 하였다. 흥미진진하고 탄탄한 스토리와 밸런스에 낮에 시작한 경기가 금세 어두운 저녁까지 이어지는 시공초월 인터스텔라의 과학시간이기도 했으며, 그래서 그 땅은 비록 4:1로 지고 있는 순간이라 할지라도 스피드와 본인의 믿음으로 순식간에 역전할 수 있는 '기회의 땅'이기도 했다. 쪼렙도 삼각형 골인 지점을 밟으면 굳이 현질을 하지 않더라도 만렙으로 승진하는 공정하고 공평한 사회, 그야말로 경건한 스포츠 정신이 깃든 지덕체를 겸비한 자들의 겨루기였던 것이다.

중요한 것은 우리의 놀이는 '혼자서는 할 수 없다'는 점이다. 우리가 어린 시절부터 해온 모든 게임이 그러했다. '무궁화 꽃이 피었습니다' 역시 혼자 하지 못하고, '고무줄놀이' 역시 두 명이 잡아줘야 할 수 있었다. '말뚝박기'도 누군가가 말이 되어 엎어져줘야 탈 수 있고, '우리 집에 왜 왔니' 역시 다른 이의 손을 잡아야 꽃을 찾으러 갈 수 있었다. 혼자여선 절대 안

된다. 시작조차 할 수 없고 시도조차 할 수 없다. 1인 플레이어로는 절대 인생을 살 수 없는 것이다.

아, 절대 혼자 살 수 없는 이 시대. 오징어 게임도 할 수 없는 혼자인 내가 TF에 합류하여 혼자에 대해 말하였다. 2020년 인구주택총조사에 따르면, 20대 남성의 95%, 여성의 90%가 결혼하지 않았고, 30대 남성의 51%, 여성의 34%가 결혼하지 않았다고 한다. 2000년 조사와 비교하면, 20년 사이 남녀별로 거의 2.6~4.2배 늘어난 수치라고 한다. 위에 언급된 조사 중 두 명은 우리 집에서 배출되었다.

나는 결혼할 생각이 없고(라고 쓰고 못할 것 같다 라고 울면서 읽는다), 또한 나의 오빠도 결혼하지 않았다(라고 쓰고 쟤도 못할 것 같다? 라고 웃는다). 부모님께서는 일찌감치 간장종지만 한 자식들의 포부를 눈치채고 자식 농사는 망쳤으니 미나리 농사만큼은 성공시키겠다며 귀농을 택하여 귀촌하셨고 이젠 포기하신 듯하다(아부지 제 꿈은 재벌 2세셨습니다. 아버지께서 노력만 하셨어도 제 꿈을 이룰 수 있었는데 크흑. 그러니 서로 포기한 건 쌤쌤 합시다).

부모님이 안을 손주도 없고, 나에게는 자식도 조카도 없는데 하아…. 이런 판국에 재산은 모아서 무엇 하겠는가. 유산 물려줄 자식도 조카도 없는데. 어쩔 수 없이 나는 돈을 모으지 않고 있다. 아니 이것은 순전히 물려줄 사람이 없기 때문이다.

내가 태어난 1981년에는 대한민국 가족 구성원 평균수가 한 집에 4명 정도였는데 시간이 흐르면서 '하나 낳아 잘 키우자'는 분위기를 거쳐, 사는 동안 두 부부가 서로에게만 최선을 다하면 된다는 딩크족의 가족형태가 자리잡더니 현재는 3명 중 1명이 혼자서 독거하는 1인가구라고 한다. 인정 많은 사회독지가께서 나를 거두어주시지 않는 이상 나는 계속 1인일 것이다.

1인 플레이어의 거처(?)에 대해 논의가 되어야 하는 것은 시의적으로 당연하다. 혼자인 사람들은 여러 가지 생각을 한다. '내가 아프면 어떻게 하지' '내가 일어나서 회사에 못 가면 이번 달은 누가 먹여살려주나' '월셋날과 카드 결제일은 왜 이리 빨리 돌아오나' '혼자 사는 내가 쓰러지면 한참 후에나 발견되겠지?'

'하아….' 막막한 마음에 한숨을 쉬며 배달앱을 켠다. 먹고 죽은 귀신이 때깔도 곱다고 했다. 언제 갈지 모르는 이 1인가구는 오늘도 최선을 다해 야식을 먹는 것이다. 혼자 사는 것은 외롭다. 대다수의 시간은 외로움을 인식하고 살게 된다. 그래서 사람들은 따뜻한 무언가를 필요로 한다.

나 또한 사회생활을 하며 타지에서 외로움을 안주 삼아 인생을 씹다보니 온기가 그리웠다. 10년쯤 전인가…. 그때 흔한 말로 '애완견' 한 마리 키워야지 생각했고 오토바이 상사와 애견센터 거리가 늘어져 있는 중구 광희동으로 갔다. 실내가 환히 보이는 통유리엔 "아이들이 놀라니 두드리지 마세요"라는 종이가 곳곳에 붙어 있었다. 창문 너머로 투명 플라스틱으로 나뉜 작은 공간에 물을 먹고 있는 어린 개와 고양이들이 있었다. 나는 그곳에서 새끼 고양이 한 마리를 '샀다'. 뭐랄까…. 마치 쇼윈도에 진열된 상품을 보고 내 취향이다 싶으니 매장으로 들어가 그 작은 것을 "쇼핑해 나왔다"고 표현하는 것이 훨씬 정확한 표현일까. 지금은 있을 수 없는 이야기지만 그때는 다 그렇게 표현했고 그게 맞는 줄 알았다.

나는 그 당시 블랙 아이드 피스(The Balck Eyed Peas)라는 미국 가수 그룹을 좋아했는데 그 팀의 보컬 이름이 '퍼기'였다. 나는 이 작은 것에게 그 이름을 붙여주었고, 광희동 애견센터 출신의 작고 여린 아기 고양이는 '퍼기'가 되었다. 애견센터의 주인이 알려준 대로 밥을 주고, 모래 화장실을 짓고, 시기가 되면 병원에 데려가 주사도 맞혔다. 정말 정성으로 하루하루 키웠는데, 두 달이 안 되어 퍼기가 아프기 시작했다. 동그랗게 말면 주먹보다 작은 그 몸집이 마치 척추가 없는 연체동물처럼 앞뒤로 360도 휘는데 그것을 보는 것은 가슴 아픈 충격이었다.

보온이 잘되는 담요에 싸서 바로 동물병원으로 달려갔다. FIP(Feline Infectious Peritonitis)라고 부르는 고양이 전염성 복막염 진단을 받았다. 1~2세 미만의 고양이에게 매우 치명적인 질병이라고 했다. 이별을 준비하시라는 말을 들었다. 병원에 데려다놓은 지 사흘 날, 방송국 희극인실에서 코미디를 짜고 있었는데 수의사가 전화를 해왔고, 타지에서 혼자 사는 나의 유일한 가족이었던 퍼기의 사망선고를 했다.

SBS 등촌동 공개홀 3층 계단에서 수화기를 들고 20분 정도

대성통곡하였다. 한참을 울던 내가 진정된 것을 확인하자 수의사 선생님이 조용히 말하였다.

"저…. 오기 힘드시죠…. 퍼기 장례 어떻게 할까요…? 음…. 단체장은 3만 원이고, 저희가 따로 정성껏 준비한 개별장은 5만 원입니다…. 어떤 걸로 해드릴까요…."

나는 꺼억꺼억 넘어가는 울음을 삼키며 말했다.

"흐흑…. 단체… 장으로 흑흑… 해주세요…."

슬픈 건 슬픈 거고 자본주의는 자본주의다.

(지금 생각해보면 퍼기는 한창 말이 많은 이른바 '불법 고양이 농장'에서 태어난 것이 아니었을까 추측된다. 두 달 만에 퍼기가 죽었다는 것을 알게 된 애견센터 주인이 "같은 부모한테서 나왔어요"라며 퍼기의 오빠를 추천(?)했는데 키우는 것이 무서워서 사양한 바 있다. 그리고 얼마 뒤, 그도 하늘나라로 갔다는 말을 들었다. 이 애견센터 사장놈. 그 고통을 또 느낄 뻔.)

생애 처음 함께했던 반려묘를 떠나보내고 그 충격은 꽤 지속되었다. 나의 무지로 보낸 것 같아 죄책감에 시달렸다. 그리고 그 후로 준비되지 않은 상태에서 공부하지 않는다면 절대로 그 어떤 생명체를 거두어선 안 되겠다고 생각했다. 비록 그것이 작은 선인장 화분 하나라 할지라도.

퍼기가 간 지 10년이라는 시간이 지났고 외로움을 반려견과 반려묘와 함께 나누며 의지하고 사는 인구가 1,500만이 넘어가는 시대가 되었다. 주인이 없을 때 대신 반려동물을 돌봐

주는 집사가 떠오르는 직업으로 생겨나고, 사회의 인식도 정말 많이 개선되어 2021년엔 민법 제98조에 "동물은 물건이 아니다"라는 법 조항도 추가되었다. 혼자인 사람들을 위로해준 동물을 위한 최소한의 예의가 한 줄 적히게 된 것이다.

이 배경에는 내가 활동한 사공일가 TF가 한몫했다. TF는 사는 동네, 사회적 지위와 자산의 수준, 성별, 남녀노소를 막론하고 모여 각자의 시각으로 보는 문제들을 이야기하고 보편적인 사람들이 받고 있던 불합리함과 차별, 새로운 가족 구성에 대해 이야기하고 의견을 나누었다.

어찌 보면 인간의 출발은 1인이고 그들이 모여서 1인과 외로움을 처음 이야기한 것은 희망이기도 하다. 그 어떤 모임보다 잘 만났다 싶다. 더 좋은 세상을 위한 더 많은 논의가 2차, 3차, 계속되는 사공일가에서 이어지길 바란다. 가을바람 살랑하니 대중가요 〈만남〉을 부르며 마무리하겠다.

♬
우리 만남은 우연이 아니야.
그것은 우리의 바람이었어.
♬
외로운 세상 우리 뭉쳐 외롭지 않길.
혼자서는 오징어 게임을 할 수 없으니까.

'법알못' 1인가구 소설가,
법과 만나다

박진규(소설가, 필명 박생강)

1인가구 소설가

스무 살의 어느 봄날에 그런 생각을 한 적이 있었다. 나는 날아다니는 어떤 종잇조각처럼 살고 싶다고. 발 디딘 곳에 오래 머물지 않고, 어딘가로 훌쩍 날아가는 종이비행기 같은 존재. 아마 지루한 강의 시간에 잠시 딴생각을 하다 그리 상상이 흘러갔는지도 모르겠다. 아니면 따스한 봄날 강의실 밖 창문으로 나비 한 마리가 날아다녀서 그랬을까?

그 시절 졸음처럼 흘러간 상상이 40대 중반에 현실이 되었다. 20대 후반 나이에 소설가가 되고 그 후 글과 관련한 여러 가지 일들을 병행하며 살아왔다. 물론 중간에 사우나 린넨실 아르바이트로 외도도 했다. 여하튼 그렇다 보니 전형적인 가족 구성에 맞지 않는 사람으로 이 사회에 남았다.

그렇다. 대단한 의지로 1인가구가 된 것은 아니었다. 어어 어, 하다 보니 글을 쓰는 1인가구였다. 그런데 돌아보니 이것도 나쁘지는 않았다.

사실 40대 중반에 이른 지금 굉장히 1인가구 세대주에 잘 어울리는 인간형으로 성장한 것 같기는 하다. 요리를 좋아하지는 않지만 된장찌개나 미역국 정도는 뚝딱 끓일 수 있다. 혼자 산책하거나 돌아다니는 일을 즐긴다. 그리고 적당히 방이 지저 분해도 헛간과 방의 중간쯤 되는 공간이려니 하며 편안하게 뒹 군다. 동시에 일이나 사적인 관계를 통해 만난 사람들과도 적 당히 기분 좋은 친밀한 거리를 유지할 수 있게 됐다. 세 마리의 고양이를 '탁묘'하면서 나름 새벽 6시 30분에 고양이가 밥 달라 고 깨우는 '야옹' 알람의 재미도 느끼고 있다. 다행히 나를 내 가 책임지면서 민폐 안 끼치고 살아가고 있는 것이다.

여러모로 지금 삶의 루틴이 마음에 든다. 일상과 일과의 관 계도 마찬가지다. 책상 앞에 노트북이 있으면 그것으로 내가 세상과 만나는 세계는 완성이다. 무언가를 쓰고, 그 원고를 기 다리는 출판사나 잡지사 사람들과 메신저로 접속하고, 혼자 점 심을 어디로 먹으러 갈까 생각한다.

또 어떤 날에는 수사전문지 《수사연구》의 프리랜서 기자 신 분으로 서울 및 지방 경찰청 혹은 경찰서를 방문해 살인 사건이나 사기 사건에 대해 취재한다. 일정이 없는 날에는 대중문화 칼럼 원고를 위해 넷플릭스 등으로 밀린 드라마 등을 시청하기도 한다. 그러다 이렇게 생각에 잠기는 때도 있었다.

이게 내가 꿈꿨던 삶인가? 날아다니는 종잇조각 같은?
아직 하늘을 날지는 않는데….

마침 그 무렵 법무부의 1인가구 TF 참여 제의를 받았다. 그 제의를 받고 솔직히 당황했다. 일단 1인가구로 오래 살아왔지만, 1인가구를 위한 법 같은 건 나라에서 신경도 안 써줄 것 같기도 했다(미안하다. 법에 대한 편견이 좀 있었다). 또 하나는 1인가구였지만, 그 삶에 대해 진지하게 고민해본 적이 없어서였다. 그 안에 속해 있으면서도 1인가구란 그저 언론에서 바라보는 가난과 우울의 테두리 안에서만 바라보았다.

그렇기에 1인가구 TF에 참여하기 전에 일단 내 삶의 방식에 대해 좀 생각해보기로 했다. 소설가인 내가 아닌 과거, 현재, 미래의 가구형태로서의 나에 대해 고민해볼 필요를 느낀 것이다.

나는 현재 어떤 방식으로 삶을 살아가는 1인가구일까? 또 앞으로의 나는 어떻게 살아가는 세대가 될까? 혹은 앞으로의 1인가구는 어떤 형태로 세상과 교류하게 될까?

1인가구인 동시에 블록가구인

앞서 말했듯 솔직히 나는 스스로를 1인가구라 인식했던 적
이 많지는 않았다. 일단 직업적 특성상 혼자 사는 문인들이 주
변에 많이 포진해 있었다. 그래서 그냥 1인가구라기보다 문인
가구라고 생각했는지도 모르겠다. 문인들은 원래 꽤 많은 수가
혼자 살고 있으니까, 나도 그중 하나, 이런 마음?

사실 그보다는 완전한 혼자가 아니어서 그랬을지도 몰랐
다. 일단 집을 셰어하던 룸메이트가 함께했던 시간이 길었다.
중간중간 부모님과 함께 살았던 시간도 적지 않았다. 당연히
완전히 독립적으로 살고 있다는 생각을 하지는 못했다.

오히려 지금은 1인가구가 아니라 블록가구와 흡사하다는 생
각을 한다(블록가구라고 하니 진짜 올록볼록 엠보싱이 들어간 가구가 된
느낌도 들지만, 급작스럽게 만든 말이라 더 멋진 용어가 생각나지 않는다).

생활인 박진규는 1977년 한 집안의 막내로 태어난 전형적
인 4인가구 블록의 마지막 구성원이었다. 하지만 이 막내는 무
슨 까닭인지 또다시 4인가구 블록의 형태로 전통적인 가족 구
조에 편입될 생각은 없었다. 그사이 가족의 구성도 많이 바뀌
었다. 3인가구라거나 딩크족 등의 이유로 결혼했지만 2인가구
로 살아가는 이들도 많아졌다. 또 자의건 타의건 1인가구의 삶
을 사는 이들도 늘어나고 있었다.

박진규 역시 이 계열의 인생루트를 밟아갔다. 처음에는 먼

거리의 직장을 다니기 위해 1인가구 생활을 시작했을 때 혼자 살 경제적인 능력이 부족했다. 마침 비슷한 상황에서 혼자 사는 선배가 있어서 룸메이트의 형태로 얹혀살게 되었다.

이후에도 필요에 따라 몇 차례 형태가 바뀌었다. 뒤늦게 30대 초반에 부모님과 함께 살기도 했고, 다시 룸메이트와 생활하기도 했으며, 혼자 독립해서 살기도 했다. 사실 이 모두를 흔히 통용되는 우리 사회의 1인가구 용어로 표현할 수도 있다. 앞에서부터 캥거루, 셰어, 독거.

그렇게 해놓으니 너무 심심하다. 나는 그보다는 생활의 변화에 따라 유연한 형태로 움직였다고 생각하고 싶다. 경우에 따라 가족, 친구, 독립 등 다양한 형태로 움직이는 가구 말이다. 혹은 다른 1인가구 혹은 다른 가족 구성원과 결합될 수 있는 블록의 형태로.

블록가구라고 생각해보니 내 삶의 방식이 굉장히 유연하게 느껴졌다. 단순히 1인가구라고 했을 때는 고정되어 있는 느낌이 강했다. 하얀 벽에 홀로 박혀 있는 못 같은. 하지만 스스로를 블록가구라고 생각하자 굉장히 다양한 사람들과 접점을 이룰 수 있는 존재라는 생각이 들기 시작했다. 소외된 하나가 아니라 전통적인 가족 구조에 변화를 주고 유쾌한 파동을 만들 수 있는 하나처럼 다가왔다.

그러나 내가 철학자가 아닌 소설가다 보니 더 깊은 개념의 틀을 만들기에는 좀 머리가 아팠다. 다만 수많은 블록가구와 전통적인 형태의 가구가 뒤섞인 채 살아가는 미래는 어떨까 궁금해지기는 했지만.

그것은 혼돈일까, 아니면 새로운 질서일까?

이 흥미로운 생각을 가지고 1인가구를 위한 TF에 참여했다. 처음에는 좀 죄송스럽게도 소풍 내지는 초등학교(정확히는 국민학교) 시절 견학 가는 기분으로 법무부에 갔지만, 짐작대로 마냥 즐거운 소풍은 아니었다. 그곳에는 이미 도래했지만 아무도 보지 않던 현실이 있었고, 그 현실을 법으로 보호해주기 위한 대화가 있었다.

1인가구를 위한 TF 회의

아직도 처음 법무부에 들어가던 그날이 생생하게 떠오른다. 2021년 2월 3일 수요일, 나는 처음으로 법무부에 들어갔다. 수사전문지 기자로 오랜 기간 활동하고 있어서 사실 전국의 지방경찰청은 굉장히 편안한 공간이었다. 하지만 법무부는 또 달랐다. 그 단단한 느낌의 건물에 들어서는 순간 마음이 무거워졌다. 법을 잘 모르지만, 눈에 보이지 않는 법의 무게감이 심적으로 확실히 느껴지던 순간이었다. 긴장하라고 부른 것도 아닌데 괜히 긴장이 됐다.

2월 3일의 모임은 공식적인 회의는 아니었고 1인가구의 사회적 공존을 위한 제도개선 TF 킥오프였다. 그렇기에 1인가구 현황 브리핑과 1인가구가 처한 현실과 사회적 공존에 대한 대화가 오갔다.

킥오프에서 내가 느낀 점은 이런 것들이었다. 더 이상 한국에서도 1인가구를 다인가족의 잉여 정도로 생각하지는 않는다는 것. 그리하여 앞으로 정부에서도 1인가구 같은 새로운 형태의 가족을 위해 법적으로 제도적으로 고민하기 시작했다는 것이었다.

실제로 1인가구는 한국에서만이 아니라 이웃 국가인 일본이나 중국에서도 이미 어떤 집단을 형성하고 있다. 일본의 경우 '초식남' '건어물녀'로 대표되는 연애하지 않는 세대에서부터 시작해 1인가구로 살아가는 사람들이 늘어나 혼자 사는 새로운 세대의 문화가 만들어졌다. 중국에서는 11월 11일에 한국의 빼빼로데이와 달리 광군제가 열린다. 광군은 중국어로 '독신'을 의미하는 뜻으로, 원래 이날은 싱글끼리 선물을 주고받는 문화가 있었다. 중국 전자상거래 1위 기업 알리바바는 이날의 행사를 크게 확장시켜 대규모 쇼핑 행사를 열었다. 이후 싱글들을 위한 선물 교환의 날이 대대적인 할인 행사의 날로 발전했다. 이 광군제는 중국 소비경제가 발전하는 데 큰 역할을 해왔다고 한다. 알리바바의 아이디어는 1인가구의 세대를 기반으로 전략적으로 소비산업을 확장한 예일 것이다. 이제 1인가구는 경제에도 큰 영향을 끼치는 존재가 되었다.

동아시아 외에 동남아시아에서도 가파르게 1인가구가 늘어가고 있다. 여기에 이란, 아랍에미리트 같은 이슬람 국가에서도 독신 인구는 나날이 늘어나는 중이라고 한다. 1인가구의 확장은 서구 유럽의 이야기가 아니라 동양 문화권에서도 일어나고 있는 현실인 것이다.

결국 1인가구가 새로운 가족의 유형이 되리란 건 당연한 일이다. 결혼 시기는 늦고 이혼율은 늘어난다. 경제적 이유 때문에, 그러니까 가난해서든 혹은 혼자만의 생활에 만족해서든 상당수의 젊은이들이 1인가구로 남는다. 그 외에 이혼이나 경제적 이유 말고도 1인가구로 사는 이유는 굉장히 많다.

다만 각각의 이유는 달라도 1인가구가 더 이상 가족 구성을 만들기 전 2등 시민의 위치가 아니라는 점만은 분명했다. 전통적인 가족이 아닌 또 다른 유형의 선택지로 1인가구는 자리잡아가고 있다. 우리나라 역시 이 흐름을 거부할 수는 없기에 법무부에서도 1인가구를 위한 TF를 만들었구나 하는 생각이 들었다.

특히 킥오프에서 여러 이야기를 듣다 보니 깨닫는 바도 많았다. 이렇게 자의적·타의적으로 1인가구들이 늘어나는 상황에서 한국에서는 이들을 위한 법의 보호가 부족하다는 생각이 확실하게 들었다.

여성 1인가구의 경우 언제나 치안의 위험에 노출되어 있을 수밖에 없다. 법무부에서 준비해온 사례와 여성 1인가구 TF

위원들의 말을 듣다 보니 그 공포가 현실적으로 느껴졌다. 남성인 나는 같은 1인가구였어도 치안의 위험을 피부로 느끼며 살아오지는 않았던 것이다.

또 1인가구 대부분이 주거에 대한 만족도가 떨어지는 것도 사실이었다. 높은 월세에 비례해 개인을 위한 주거형태는 굉장히 열악했다. 특히 MZ세대의 경우 자기만의 쾌적한 공간에 대한 수요가 많은데, 이를 만족시켜주는 주거형태는 굉장히 비싼 데다 그 수도 적었다.

한편 어느덧 중년에 이른 나는 1인가구로서 의료에 대한 불안이 있었다. 40대 중반이 넘은 이후, 나는 뇌졸중 등 갑작스런 상황 때문에 병원에 입원한 내 모습을 상상하곤 했다. 한시가 급한 상황에서 수술 동의서에 사인할 가족이 늦게 도착한다면. 혹은 더는 그 가족이 내 주변에 없는 상황이라면. 그 이후는 너무 절벽 같은 상황이라서 상상조차 되지 않았다.

하지만 1인가구의 사회적 공존을 위한 TF에 참여하면서 법에 대한 생각이 바뀌기 시작했다. 어쩌면 현재 1인가구를 선택한 나에게 법은 가족의 역할을 대신해줄 수 있는 든든한 지킴이가 될 수도 있지 않을까라는 생각이 들었던 것이다.

1인가구의 나룻배가 되어주는 법

1인가구의 사회적 공존을 위한 TF는 킥오프를 거치면서 '사공일가(사회적 공존을 위한 1인가구) TF'로 바뀌었다. 사실 '사공일가'라는 단어는 처음에는 그저 귀여운 말장난처럼 느껴졌지만 나중에는 이 TF의 취지에 꽤 어울린다는 생각이 들었다.

우리나라에서 1인가구를 위한 제도가 준비되지 않은 상황. 사공일가의 나룻배는 그다음의 미래를 위해 어딘가로 떠난다. 한편 그 나룻배는 바로 1인가구를 위한 동반자. 동시에 나룻배는 가족이 아닌 홀로 세대를 구성하며 살아가는 개인을 지켜주는 법. 이처럼 나룻배를 통한 상상이 내 머릿속에서 꼬리에 꼬리를 물었다.

1인가구의 미래를 위해 흘러가는 사공일가 TF에서는 이후 여러 차례 회의를 거치면서 1인가구를 위한 법률 개선에 대한 토의가 있었다. 다만 법무부에서 관여할 수 있는 부분은 '민법' 개정안 정도가 현실적이었다. 그래서 여러 사공일가 TF의 아이디어 중 처음 채택된 안이 반려동물에 대한 것이었다.

사실 1인가구로 사는 이들에게 반려동물은 말 그대로 반려자나 다름 아니다. 물론 사공일가 TF에 참여하기 전에는 미처 그 사실을 알지 못했다.

나는 혼자 살면서 반려동물과 함께한 적이 없다(남자 자취생의 흔한 동반자 거북이도 길러본 적 없다). 혼자 살면서 그리 외로움도 느끼지 못했고 누군가를 돌보는 것에는 큰 책임이 따른다고 생각해서였다. 하지만 무슨 하늘이 내려준 운명이었던 걸까?

마침 사공일가 TF에 참여하기 전, 나는 이웃집의 고양이 세 마리를 맡아서 '탁묘'하는 상황에 처했다. 평소에 고양이를 1도 좋아하지 않았기에 난감하게 시작한 고양이와의 동거였다. 하지만 며칠 지나지 않아 고양이들이 내 품에 안겨 '그르릉' 대자 그만 마음이 무장해제되어버렸다.

이후 나는 세 마리 고양이를 통해 1인가구와 반려동물의 정서적 교감에 대해 다시금 생각하게 되었다. 그간 나는 1인가구의 삶에서 정서적인 부분은 일정 부분 포기해왔다. 하지만 인간과 함께하는 반려동물이 그 부분을 풍요롭게 채워준다는 사실을 직접 몸과 마음으로 체감했던 것이다. 당연히 그런 면에서 반려동물은 물건이 아니었다. 1인가구와 함께하는 정서적 가족이었다.

그렇기에 '동물의 비물건화' 개정안은 반려동물을 함께하는 가족으로 느낀 나에게도 큰 의미가 있었다. 실제로 내 옆의 세 마리 고양이가 단순히 나를 기쁘게 하는 '물건'이 아니라 함께 교감하는 살아 있는 존재라는 걸 배웠던 시기였기 때문이다. 이 반려동물들의 '법적 지위'가 최소한 물건이 아닌 비물건이 됐다는 것은 큰 기쁨이었다. 1인가구지만 함께하는 가족을 위한 든든한 버팀목이 만들어진 기분이 들었다.

이후에도 사공일가 TF를 통해 상속권이나 주거 문제 등에 대한 민법 개정안 토의들이 이뤄졌다. 기존의 법에서 1인가구는 배제되거나 권리가 미약했다. 하지만 개정안을 통해서 1인가구의 권리에 대해 모색하는 방향들이 토의되었다.

그 토의를 지켜보고 참여하면서 나는 위안 받는 기분이 들때도 있었다. 솔직히 이전에 1인가구라고 진지하게 생각하지 않았던 데는 이런 이유도 있지 않았나 싶었다. 어차피 나는 혼자 사는 2등 시민이고, 국가가 나를 보호해주지 않기 때문에, 스스로를 보호해야 한다. 이런 강박이 무의식 중에 있었던 것 같다. 하지만 사공일가 TF에 참여하면서 나는 국가가 이제 1인가구인 나를 하나의 세대로 존중해주려 노력하고 있다는 생각이 들었다. 그것만으로도 스스로 위축되지 않고, 1인가구로서 떳떳한 역할을 할 수 있다는 마음이 들었다.

아마도 나 이후의 다음 세대 중 1인가구를 선택한 사람들은 나보다 좀더 자유롭고 즐겁게 1인가구로 행복할 권리를 누릴 수 있지 않을까 싶다.

블록형 인간들의 미래

앞서 나는 스스로를 1인가구보다 블록가구라고 말한 바 있다. 앞으로의 미래는 이 블록형 인간들이 가족형 인간들과 함께 공존하는 사회가 될 것이다.

사공일가 TF에 참여한 뒤에, 전통적인 가족 중심의 인간들과 다른 방식의 인생을 택한 블록형 인간은 어떻게 살아가야 하는지 생각해보는 계기가 되었다. 그것은 동시에 앞으로도 전통적인 가족이 아닌 블록형 인간으로 남은 반생을 살아갈 확률이 높은 나에 대한 고민이기도 했다.

사공일가 TF에서는 1인가구의 재산 유류분 상속과 입양에 대한 논의도 오갔다. 사실 블록형 인간이 늘어갈수록 다인가구와는 다른 방식의 제도들이 필요할 것 같다. 특히 혼자 사는 입장에서는 자신의 재산을 무조건 혈육에게 남기기보다 더 의미 있는 방식으로 쓰고 싶은 마음도 있을 것 같기 때문이다.

1인가구의 입양에 대해서는 이 TF를 통해 처음으로 생각해보는 계기가 되었다. 하지만 굉장히 많은 사회적 합의와 토대 속에 변화가 이뤄져야 하리라. 다만 입양은 아니라도 1인가구의 후원인제도 같은 것들에 대해서는 한 번 생각해보았다. 만약 내 노년에 조금 더 여유가 있다면, 젊은 예술인 1인가구들을 위해 후원을 하는 일도 아름답겠다 싶었다.

동시에 미래 사회에 노년과 젊은층의 블록가구가 함께 공존할 수 있는 방안은 무엇일까 생각해보기도 했다.

유럽에서 비슷한 방식의 거주제도가 이뤄지고 있는 것으로 아는데, 예를 들어 젊은층과 노년층 1인가구들이 공동주택 건물에서 블록가구를 형성해 거주하는 것은 어떨까? 상부에 거주하는 젊은층은 저렴한 월세로 거주하는 대신에 각자 담당한 노년층 1인가구의 건강이나 안전 등을 체크해주는 것이다.

또한 앞서 내가 고민한 1인가구의 수술 동의서 작성을 위한 대안도 생각이 났다. 언젠가 미래에는 1인가구를 위한 주치의 제도가 확립됐으면 좋겠다. 1인가구의 건강을 관리하는 작은 병원이 근처에 있어서, 내가 급한 수술이 필요할 경우 그 병원의 주치의 선생님께서 동의해주는 식으로 말이다.

생각해보니 1인가구라고 가족이 없는 것은 아니다. 사회는 빠르게 변해가고 그 안에서 사람들은 다양하게 사람들과 관계 맺으며 살아간다. 이제 가족은 혈연만이 아니라, 블록처럼 연결된 타인과의 관계로 확장되는 것일지 모르겠다. 그 안에서 관계 맺지 못하는 사람들을 위해서는 국가가 손을 내밀어주기도 해야 한다. 또한 재빠르게 변하는 가족의 형태 때문에 과거 전통 윤리에 기댄 낡은 가치가 무너지고 수많은 문제점과 모순이 등장할 것이다. 나는 그때를 대비해서라도 1인가구를 위한 법이 필요하다는 사실을 사공일가 TF를 통해 새삼 깨달았다.

법은 법전에 적힌 관념적인 문장이 아니다. 법은 죄인을 때려잡는 방망이 역할만 하는 것도 아니다. 법은 빠르게 변화하는 시대와 조응하며, 그에 걸맞은 기준을 세워주는 역할도 하는 것 같다. 그리고 사공일가 TF는 시대에 맞게 빠르게 변해가는 새로운 가족 형태의 모순을 해결하고 미래에 어울리는 가족 형태를 위한 법을 만들기 위한 법무부의 첫 항해가 아닐까 생각한다.

국민을 도울 수 있는 법

곽재식(화학자 · 소설가)

1930년대 미국을 배경으로 한 코넬 울리치의 단편소설 《죽음의 무도》를 보면 경찰이 수상쩍은 사람을 조사해야겠다고 마음먹는 장면이 나온다. 경찰 상관은 일단 그 사람을 경찰서로 데려오라고 이야기한다. 부하가 무슨 혐의로 데려올지를 묻자 경찰은 일단 사람을 잡아오고 조사를 하다 보면 규정과 법은 많고도 많으니 그중에 뭐든 하나 잠깐 사람을 잡아놓을 수 있는 것은 찾을 수 있기 마련이라고 이야기한다.

극 중에서는 농담처럼 넘어가는 이야기이고, 결국 수사 끝에 악당을 잡게 되므로 가볍게 웃으면서 읽을 수 있는 대목이다. 그러나 이 장면이 지적하고 있는 현대 법체계의 문제는 선명하다.

새로운 법을 만드는 작업은 법을 만드는 사람들이 자랑스럽게 선전할 수 있는 업적이 되는 경우가 많다. 입법기관인 의회의 의원이든, 아니면 어떤 법령 제정을 주도하는 정부기관이든 마찬가지다. 새 법을 만들 때는 법을 만들었다는 사실을 홍보하기에도 좋고, 그렇게 법 만드는 일을 잘하고 있다고 보여주기에도 좋다. 어떤 사람들은 법을 많이 만들었다고 법 만든 숫자를 자랑하기까지 한다.

그에 비해, 쓸모없어진 법을 없애거나 모순이 있는 법을 수정하는 일은 훨씬 눈에 띄기 어렵다. 그 법에 직접 통제를 받으며 법의 미묘한 문제에 고생을 해본 당사자가 아닌 다음에야 법이 수정되는 것은 무슨 문제가 있어서 왜 수정하는 것인지 이해하기도 쉽지 않은 경우가 많다. 그러니, 옛 법을 고치거나 없애는 일은 광고거리, 홍보거리가 되지 않는다. 길을 행진할 때 화려하게 꽃잎을 뿌리고 폭죽을 터뜨리며 지나가는 행렬은 모든 사람들의 주목을 받고 박수와 환호를 받는다. 하지만 행렬이 지나간 뒤에 어지럽힌 거리를 치우며 일하는 사람들을 유심히 보는 사람들은 없다. 같은 문제다. 그렇다 보니, 법은 생기기는 쉽고 사라지기는 어렵다. 법은 계속해서 늘어나고 계속해서 복잡해지기 마련이다.

먹는 것을 좋아하는 사람은 많지만 설거지를 좋아하는 사람은 없다는 것과 비슷한 이치라고도 말해볼 수 있겠다. 시간이 흐르는 데 따라 법은 점점 어마어마한 덩어리로 커져간다. 나는 관심이 있는 분야의 몇몇 법령들을 지켜보면서, 별생각

없이 되는 대로 두면 법은 새끼를 치며 스스로 늘어나는 생물처럼 점점 더 덩치가 커지고 수가 많아지는 것 같다는 느낌을 받기도 했다.

여기까지는 어쩔 수 없는 점도 있다. 세상이 점점 더 복잡해지고, 세상을 다양한 모습으로 사는 사람들이 많아질수록 법도 복잡해질 수밖에 없다. 도대체 무슨 법들이 어떻게 연결되어 사람들의 삶을 어떻게 이끌게 되는지, 법을 만든 사람들도 잘 이해하지 못할 정도로 법은 많아지기 십상이다. 과거 고조선시대에는 8조법금이라고 하여 나라에 총 8개의 법이 있었다고 한다. 그런데 현재 법제처 게시 자료를 보면, 대한민국에는 법률만 1,537건이 있고, 거기에 대통령령을 합치면 3,357건의 법령이 있다. 법률, 대통령령, 총리령을 비롯해 각종 조례와 규칙을 합치면 총 13만 5,066건의 법이 있다고 법제처에서는 밝히고 있다. 너무 많은 것 같다는 느낌이 들기는 하지만, 청동으로 만든 칼이 가장 중요한 기술이었던 시대와 반도체, AI의 시대는 아무래도 다를 수밖에 없다. 정말 고민스러운 문제는 이러한 태도가 국가가 국민을 바라보는 잘못된 시각과 연결될 때 생겨난다고 생각한다.

어느 나라건 국가의 힘은 막강하다. 대한민국에서는 개인이 권총 한 자루를 갖고 있는 것도 위험하다고 해서 허용하지 않지만, 국가는 스텔스 전투기도 몇 십 대나 갖고 있다. 그러므로 대부분의 국가는 누구도 경쟁할 수 있는 강력한 힘을 국민을 대상으로 휘두를 수 있다. 부모 자식 간에도 부모가 자식을 긴 기간 의사에 거슬러 감금해놓는다면 도덕적으로 옳지 않은 일이라고 하지만, 정부는 국민이 법을 어기면 당연하게 감옥에 가두어놓을 수 있다. 국가는 다른 주체는 상상하기 어려운 방법으로 국민을 통제할 수 있으며, 국민의 자유와 평등에 대한 가장 기본적인 권리조차도 제한할 수 있는 힘을 갖고 있다.

그러므로 이런 국가의 힘을 조절하는 사람들은 그 사회에서 지적으로, 도덕적으로 우수한 집단이 되는 경우가 많다. 법을 만들고 집행하고 법에 따라 심판하는 일의 중대함을 따지면 우수한 사람에게 그 일을 맡겨야 한다. 고려시대, 조선시대부터 글을 잘 읽고 짓는 사람을 과거시험에 합격시켜 벼슬을 살게 하고자 하였거니와, 현대에도 대부분의 나라에서 중대한 국가기관에서 일하는 사람들일수록 유능하고 총명하다. 한 국가의 발전을 위해 가장 똑똑한 생각을 하고, 다른 국민들을 널리 고려할 수 있는 사람들이 국가기관을 이끌게 된다.

그런데 이런 당연한 일들이 서로 엉켜 있으면, 자칫 국가가 국민을 억압과 조종의 대상으로만 보게 되기 쉽다. 선거철이 되면 지긋지긋하게 들을 수 있는 이야기이지만, 국가, 특히 국가기관의 담당자들은 원래 국민을 위해 일하는 것이 임무다. 민주주의 국가에서는 더더욱 그러하다. 그런데 국가기관의 힘이 세고, 국가기관에서 일하는 사람이 우수한 상황에서는 그런 원래의 임무가 잊히기가 너무나 쉽다는 뜻이다.

국민을 위해서 국가가 일한다기보다는 국민들이 위대한 국가기관을 떠받들어야 한다는 식으로 관점이 뒤집히는 일이 왕왕 생겨난다. 정말로 자신들이 국민보다 위에 있다고 생각하는 국가기관이야 거의 없겠지만, 사회제도를 보는 관점에서 국가기관이 국민에게 의무를 갖고 있다는 생각보다는 국가기관이 국민에 대해 어떠한 권리를 갖고 있다는 식의 착시가 일어나는 경우는 의외로 꽤 흔한 것 같다. 요즘 말로 말하자면, 갑을관계에서 국가가 갑이고 국민이 을이라는 식의 관점이 자리잡기 쉽다는 뜻이다.

길가에 쓰레기가 많이 떨어져 있다고 해보자. 누가 생각해도 문제인 상황이다. 사회의 문제를 해결해야 하는 국가기관에서 생각할 수 있는 가장 자연스러운 방법은 국가기관의 인력이나 장비를 동원해서 그 쓰레기를 지금 나가 치우는 것이다. 성공하면 쓰레기는 치워지고 국민들은 혜택을 받는다. 간단하다.

이렇게 하면 국민이 갑이 되고 국가기관이 을이 된다. 사실 자연스러운 일이다. 국가기관에서 쓰레기를 치우겠다고 공언을 했는데 쓰레기가 치워지지 않으면 국민들이 국가기관을 지적하고 비난하게 된다. 국가기관이 의무를 지게 되고 국민이 권리를 갖는 모양이다. 만약 목표가 달성되지 않으면 국가기관의 담당자들은 국민을 향해 잘못했다고 이야기해야 한다. 또한 국민을 향해 앞으로 더 잘하기 위해서는 어떻게 해야겠다고 반성해야 한다.

그러나 이런 일을 하기 좋아하는 사람이 많겠는가? 그렇다면, 국가기관에서는 정반대의 방법을 취할 수도 있다.

이를 테면 이런 방식을 채택할 수 있다. 이제부터 모든 사람들은 지나갈 때마다 쓰레기를 하나씩 주워야 한다는 법을 만든다. 그리고 쓰레기를 줍지 않고 지나가서 그 법을 위반하면 범칙금을 걷고 죄가 무거우면 그 사람을 감옥에 가두겠다고 하는 것이다. 이렇게 하면, 국가기관에서는 국민들이 법을 지키라고 시키기만 하면 된다. 쓰레기를 주울 책임은 국민에게 지워진다. 깜빡하고 쓰레기를 줍지 않았을 때, 처벌을 가볍게 해달라고 빌어야 하는 쪽은 국민이다.

즉, 국민이 을이 되고, 국가가 갑이 된다. 거리의 쓰레기가 치워지지 않았을 때, 국가기관은 법을 어긴 사람들을 탓하며 비난할 수 있다. 문제의 책임이 더 이상 국가기관이 아닌듯한 느낌을 줄 수 있다. 게다가 범칙금을 걷는 것은 국가의 수입이 되므로, 심지어 문제가 해결되지 않아도 국가는 얻는 것이 있다. 쓰레기 버리는 사람들을 적발하는 담당자들에게 많은 권한이 생기고 길가를 지나가는 시민들이 그 담당자들을 조심하게 되므로, 담당자 입장에서 더 많은 사람들에게 영향력을 미칠 수 있게 된다는 점도 있다. 법이 복잡하고 벌이 무거워질수록 을이 된 국민들은 갑이 된 담당자에게 굽실거릴 수밖에 없다.

이런 문제가 특별히 어떤 나라 국가기관의 담당자들이 나쁜 사람들이기 때문에 생기는 문제라고 생각하지는 않는다. 권위주의 정부의 시기를 과거에 길게 겪어온 대한민국의 상황이 조금 심각할 수야 있겠지만, 대체로 살펴보면 어느 나라에서나 발생할 수 있는 어쩔 수 없는 경향이다. 국가기관의 힘이 강하고 그 기관에 우수한 사람들이 모여 있으니, 자연스럽게 갑이 되기 쉽다. 을이 될 이유가 없다.

그렇지만 나는 을이 될 이유가 없어도 국가기관은 일부러 을이 되기 위해 애써 노력해야 한다고 생각한다. 정치인들이 선거철에 "국민의 일꾼이 되겠다"고 소리치기 때문만은 아니다. 국가가 처한 문제를 해결하기 위해서는 국가기관이 책임감을 갖고 을의 입장에서 일을 처리하겠다고 나서야만 일이 잘 풀려나갈 수 있기 때문이다. 문제가 심각하고 복잡할수록 더욱 그런 식의 입장에서 국가기관이 문제를 받아들여야 문제가 풀릴 수 있기 때문이다.

얼마 전 한 청소년 잡지에 실린 SF소설에는 다음과 유사한 이야기가 나온다. 우주에서 소행성이 지구에 떨어져 곧 지구가 멸망할 거라는 사실을 과학자 네 사람이 발견한다. 그에 대한 대비가 필요하기 때문에, 정부에서는 그 과학자 네 명을 책임자로 지정해 1년 안에 소행성 문제를 해결하라고 하고, 문제를 해결하지 못하면 감옥에 가둔다는 법을 만든다. 그러나 별다른 방법이 개발되지는 않는다. 그러자 정부에서는 처벌 수위를 더욱 높인다. 그래도 별다른 방법은 개발되지 않는다. 정부에서는 더욱 무겁게 처벌하겠다고 법을 바꾼다. 그래도 해결책은 나오지 않는다. 분노한 정부 담당자는 다시 법을 바꾸어 이 문제를 기한 내에 해결하지 못하면 최고 사형에 처할 수도 있다는 법을 만든다.

그러자 과학자 네 사람은 변호사를 찾아가 자신들이 실패했을 때 재판을 받게 되면 대법원 판결이 언제쯤 날 지 상담을 받는다. 판결 날짜는 소행성이 지구에 떨어져 인류가 멸망하기 하루 전이라고 한다. 과학자들은 그 말을 듣고 고개를 끄덕이며 돌아간다.

국가기관은 국민의 갑이 되기 쉽기 때문에 의식적으로 을이 되고자 해야 한다. 그래야 제 역할을 할 수 있다. 국가기관의 우수한 인력과 국가의 강력한 힘을 이용해서 국가가 처한 문제를 스스로 적극적으로 풀겠다는 태도를 취하여 효과적으로 풀어나갈 수 있다. 그 때문에 나는 어떤 문제가 있을 때, 그 문제에 대한 책임자를 정해서 처벌하는 법을 만들기보다는 그 문제를 직접 정부기관이 풀어가야 하며 동시에 문제에 고통받고 있는 사람을 국가가 지원하도록 하는 법을 만드는 쪽을 우선해서 고려해야 한다고 생각한다.

아울러, 지나치게 복잡하고 새로운 법을 계속해서 만들어나가는 것보다는, 기존의 법체계 안에서 단속 인력을 늘리고 계도를 강화하는 방법을 사용하는 것이 더 좋은 해결책이라고 생각한다. 문제가 있다면 정부가 예산과 인력을 사용해 문제에 처한 사람을 지원해서 해결하도록 일단 나서는 편이 낫다. 물에 빠진 사람이 있을 때, 그 사람을 물에 빠뜨린 사람을 처벌하기 위해 법을 무겁게 하는 것도 중요하지만, 물에 빠진 사람을 구하기 위해 정부가 직접 물에 뛰어들어야 한다.

이상은 내가 사공일가 TF에 참여하면서, 가장 많이 느낀 점이다. 사회 여러 분야에서 서로 다른 경험을 갖고 다양한 시각에서 문제를 바라보는 사람들과 함께 일하면서 국가와 국민, 법의 관계에 대해 이런 문제가 더욱 뚜렷이 드러난다는 느낌을 받았다. 그리고 다양한 계층, 다양한 관점을 가진 일반 국민들의 법을 만들고 고치는 과정에 참여하는 사공일가 TF의 방식이 바로 이런 방향에서 큰 의미가 있다고 느꼈다. 국가기관이 국가기관의 입장만 생각하면서 무심코 갑의 입장으로만 나아가려고 할 때, 누군가 국가기관이 을이 되기 위해서 노력해야 한다는 사실을 상기시켜주어야 한다. 굴러가는 눈덩이처럼 자꾸만 법이 늘어가는 가운데, 잠깐 그 굴러가는 눈덩이를 멈춰 세우고 어떤 방향이 맞고 어떤 법이 정말 필요한지 돌아보게 만들어주는 신호등 같은 역할을 할 수 있는 활동이 필요하다.

그런 활동이 활성화될수록, 국가기관이 누군가를 다스리고 처벌하는 문제에만 골몰하기보다는, 사회의 약자들을 좀더 보호하고 억울한 일을 당하는 사람들을 지원해줄 수 있는 역할로 시선을 돌리게 할 수 있을 것이라고 생각했다. 그렇게 된다면, 단지 새로운 법을 만든다는 것에서 더 나아가서 사회의 문제를 해결하는 데 가까이서 도움이 될 수 있도록 최대한 법과 국가의 역할을 조율할 수 있을 것이다.

뿐만 아니라, 이러한 활동은 민주 사회에서 법을 만드는 정부의 역할에 오히려 더 힘을 실어줄 수도 있을 거라고 생각한다. 국가기관의 담당자 시각에서만 법과 법의 영향력에 대해 생각한 것이 아니라, 삶 속에서 법의 영향력을 체험해온 여러 분야의 전문가들과 경험자들이 의견을 더하고 협의했다는 점은 그만큼 정부에 대한 신뢰를 높인다. 사공일가 TF 활동 중에는 주요 안건에 대해 미리 내용을 공유하여 삶 속에서 그에 대해 고민해볼 시간을 확보해주고, 회의 중에는 모든 구성원들이 차별 없이 의견을 발언할 수 있는 기회가 주어져 있었다. 이런 방식의 운영은 제한된 시간과 예산 안에서 가능한 한 의미 있는 활동을 할 수 있는 장점이 있었다고 생각한다.

특히 사회 각 영역의 실무 담당자들, 젊거나 고위직이 아닌 현장 인력에 가까운 분들의 목소리를 들을 수 있었던 기회가 소중했다고 나는 기억하고 있다. 삶을 살면서, 최고의 전문가라고 인정받는 유명인사들이나 높은 고위 인사의 뜻을 듣게 될 기회는 생각보다 많다. 인터넷으로 뭐든 쉽게 글을 찾아 읽을 수 있고, 동영상 사이트에서 온갖 강연, 연설을 언제든 읽을 수 있는 요즘은 높은 사람들의 뜻이라면 얼마든지 끝없이 찾아볼 수 있다. 그에 비해 사회의 현실을 살아가는 현장의 목소리를 가감 없이 들을 수 있는 기회는 충분히 늘어나지 못한 것 같아 아쉬움이 있었다. 그런데 사공일가 TF가 그 틈을 매워주는 역할을 어느 정도는 해냈다고 생각한다. 사회의 을이 되기 쉬운 입장의 목소리를 좀더 들어본다는 점에서 활동의 의미에도 부합하여 뜻깊었다. 또한 나는 소설가로 일하며 세상 여러 사람들의 생각을 더 많이 듣고 싶어 하는 마음을 항상 품고 있는데, 그런 이유 때문에도 더욱 좋은 시간으로 기억에 남아 있다.

점점 더 복잡해지고 더 많은 법이 필요한 시대로 세상이 변해가고 있으니, 사공일가와 뜻을 함께하는 다른 다양한 정부 활동이 더욱 많아지는 것은 당연한 흐름이라고 생각한다. 이러한 활동이 앞으로 더욱 확대되고 또 활성화될 수 있기를 기대한다.

이번 활동 중에, 다양한 분야에 걸쳐 있는 팀 구성에 비하여, "팀의 활동 과정, 경과, 결과가 상대적으로 일반 국민들에게 충분히 공개되고 공유되었느냐?" 하는 점에서는 약간 부족한 점이 있었다고 생각한다. 이런 점은 더 잘할 수 있는 방법을 찾아볼 수 있을 것이다. 한편으로는, 회의 장소가 수도권 지역 중심이라 지방 균형발전시대에 지방의 목소리를 듣기에 상대적으로 불편한 점이 있었다고도 생각한다. 지방에서 접근하기 유리한 기차역 회의실을 회의 장소로 이용하는 등의 방식으로 개선해볼 수도 있을 거라는 생각도 든다. 사공일가 TF의 장점을 잘 살려서, 이러한 활동 자체에도 더 많은 의견, 더 많은 개선안을 수용한다면, 앞으로 더 많이 듣고 생각할 수 있는 정부를 만드는 데에도 도움이 될 수 있을 것이다.

열아홉 살,
하루아침에 '1인가구'가 되었다

김해온(상담사, 십대여성인권센터)

세상은 이제 1인가구가 점점 늘어나고 있다. 그도 그럴 것이, 2020년 기준 1인가구 수는 자그마치 664만 3,354가구에 달한다. 전통적 가족관의 해체, 결혼 가치관의 변화, 개인주의의 확산, 청년세대의 경제적 어려움, 경제적인 양극화 등 미디어에서는 정말 다양한 이유를 1인가구 증가 원인으로 꼽고 있다. 그리고 미디어를 받아들이는 사람들은 1인가구에는 정말 그런 사람들만 있다고 믿는다. 나 또한 그랬다. 고등학교 1학년 때부터 사회부 기자로 활동하며 1인가구에 대해 취재하는 과정에서, 1인가구는 모두 저러한 이유를 가지고 충분히 경제적으로 자립할 수 있는 생태계를 확보한 상태에서 살아가는 줄 알았다.

그러나 1인가구에는 그 어디에도 소리내지 못하는 가장 유약하고 취약한, 한 계층이 존재한다. 바로 '10대 1인가구'다. 10대 1인가구라니. 생소하게 느껴지는 말이지 않은가? 그러나 이 말은 내게 뼛속 깊이 밴 삶이었고 매일 아침 눈을 뜨면 찾아오는 차가운 일상이었다.

내 유년은 매일이 서슬 퍼런 겨울이었다. 법적으로 가족이었던 이들로부터 심각한 가정폭력과 학대를 겪었기 때문이다. 화장실이나 방에 갇힌 채 아무것도 먹지 못하고 굶던 날들, 그러다가 새벽에 집 밖으로 쫓겨나 놀이터에 앉아 울며 해가 뜨길 기다리던 날들, 마구 맞아 학교에 가지 못하던 날들, 휴대폰이 박살나 누구에게도 도움을 청하지 못하던 날들, 사람들이 있는 거리에서 머리채를 잡혀 끌려가던 날들, 실컷 맞은 후 청심환을 억지로 먹어야 했던 날들. 그런 날들을 모두 버틸 수 있었던 건 그래도 추운 겨울을 피해 지낼 수 있는 내 방이 있었고, 교통비나 학비를 내주고 성적표나 수학여행 동의서에 사인을 해줄 가족이 있기 때문이었다. 아르바이트, 쉼터 입소, 숙박업소 이용마저도 부모의 동의가 있어야만 가능한 세상에서 10대는 혼자 살아남을 수 없음을 그 누구보다도 잘 알았다.

그러던 어느 날, 가족은 내게 집을 나갈 것임을 통보했다. 이미 지방에 집을 구해놨고, 오래전부터 계획한 일이었다고 했다. 그때 나는 열아홉 살, 수능을 준비하고 있었다. 오늘 내가 점심시간에 삼킨 밥알들이 목구멍을 타고 기어오르는 것 같았다. 토할 것 같은 느낌과 함께 숨이 멎는 듯한 공포를 느꼈다.

제발 버리지 말아달라고 애원했고, 내가 앞으로 더 잘하겠다며 빌었다. 그러나 애석하게도, 며칠 후 도어락을 열고 들어간 집에는 그 누구도 없었다.

항상 이불 속에서 숨죽여 울던 내가 그날 처음으로 소리를 내서 모든 것을 토해내듯 울었다. 울음소리는 텅 빈 집을 돌고 돌아 내 귀로 다시 들려왔고, 그게 또 외로워서 더 울었다. 어느 순간 눈물이 멎자, 차가운 현실이 몸 곳곳으로 스며오기 시작했다. 야자를 하고 집에 왔으니까 지금이 벌써 새벽 1시. 4시간 30분 뒤에는 학교에 갈 준비를 해야 한다. 그런데 생각해보니 당장 오늘부터 학교에 갈 차비가 없었다. 생각해보니 끼니를 때울 돈도 없었다. 대학은? 대학에 갈 돈은 있나? 우느라 열이 오를 대로 올랐던 머리가 빠르게 식었다. '나 이제 어떻게 살지?'

10대 1인가구는 그 자체만으로 위기 상황에 놓인다. 살면서 국어, 수학, 영어, 과학 등 다양한 과목에 대한 교육을 제공받아왔지만 '만약 가족이 청소년인 나를 버리거나 집에 갑자기 들어오지 않아 혼자 살게 됐다면 이런 곳에 도움을 요청해야 해요!'에 대한 교육은 단 한 번도 받아본 적이 없었다. 그뿐 아니라 통장과 카드는 어떻게 만들어서 어떻게 사용하는 건지, 월세는 무엇이고 전세는 무엇이며 비용은 어떻게 납부하는 것이고 얼마나 살 수 있는지, 위기 상황에서 혜택을 받을 수 있는 사회제도는 무엇이 있는지 역시 하나도 알지 못했다. 학교에서는 정해진 문제들을 외우고, 그 문제에 맞는 답을 OMR 칸에 채워 넣는 방법만 알려줬을 뿐 학교 밖에서 살아가는 방법에 대해서는 하나도 알려주지 않은 것이다.

나의 경우, 청소년참여위원회와 청소년단체협의회에서 아동·청소년 권리 증진을 위한 정책제안 활동을 해왔지만, 정작 내 생존에 대한 생각을 해본 적은 없었다. 당장 어떻게 해야 할지 몰라 발을 동동 굴렀고, 지금 이 상황을 누구에게 알려야 할지도 막막했다. 아니, 가족들이 날 두고 집을 나갔고 이제부터 혼자 살아야 하니 제발 나 좀 살려달라는 이야기를 누구에게 할 수 있겠는가? 누군가는 이 글을 보며 '친한 친구 하나 없어?' '다른 가족들은 없나?' 생각할지도 모른다. 그러나 감당할 수 없는 악몽이 현실이 되었을 때 누군가에게 곧바로 털어놓을 수 있는 사람은 몇 없을 것이라고 단언한다. 길을 걷다가 넘어진 것도 아니고, 제일 친한 친구와 싸운 것도 아니고, '부모에게 버려진 것'을 대체 누구에게 말할 수 있냐는 말이다. 또한, 내 가정은 한부모가정이었기 때문에 친어머니, 그녀와 사실혼 관계인 새아버지와 살고 있었다. 게다가 나는 외동이었다. 친어머니는 자신의 가족과 모두 절연한 상황이었기에 내가 손 뻗을 수 있는 곳은 없었고, 이혼한 친아버지는 끔찍한 가정폭력범에 전과자였기 때문에 아주 어릴 때 이후로 한 번도 연락을 한 적도, 만난 적도 없었다. 전화번호도 몰랐다. 새아버지는 본처와 이혼을 하지 않은 상태였기에 나와는 그저 남남이었다.

열아홉의 내가 생각해낸 방법은 고작 인터넷 질문글을 올리는 것이었다. 당시 상황에서 가장 걱정되는 부분에 대한 질문을 꾹꾹 눌러 썼다. 혼자 살며 아르바이트를 하는 청소년에 대한 사회복지 지원이 있는지, 편의점이나 배스킨라빈스 아르바이트는 얼마쯤 벌 수 있는지, 서울 대학 학비는 얼마 정도인지. 내 선에서 제일 급한 부분들이었다. 질문글을 올려놓은 채로 이불을 펴고 누워 멍하니 천장을 바라보았다. 불이 꺼져 어둑어둑한 천장이 나를 삼켜버릴 것만 같았다. 지금까지 나름 많은 밤들을 혼자 자왔지만 이렇게 외롭고 무서운 밤은 처음이라는 사실을 깨달았다. 이불을 머리끝까지 쓰고 제발 이 모든 것이 꿈이기를 빌다가 잠이 들었고 어느 순간 정신을 차렸을

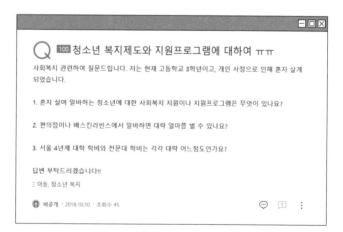

상황 당시 인터넷에 게시한 질문글 내용

때, 휴대폰을 먼저 집어 들어 질문글을 확인했다. 그러나 놀랍게도 단 한 개의 답글도 달리지 않았다. 그렇게, 내가 처한 현실은 단 한 부분도 변하지 않은 채로 무심하게 아침이 왔다. 창밖으로 짹짹대던 새소리가 그렇게 원망스러웠던 적이 없다.

학교에 가지 못하면 정해진 출석 일수를 채울 수 없었기 때문에 친한 친구에게 돈을 빌려 학교에 다녔다. 그리고 친구 집에서 숙식을 해결하며 하루하루 생존해나갔다. 친구의 반응은 잘 기억이 안 난다. 화를 냈던 것도 같고, 부모님이 이기적이라며 날 다독였던 것도 같고, 아무 말이 없었던 것도 같다. 그 당시 그나마 다행이었던 것은 원래 살던 집이 매매였기 때문에 가족이 나를 '관리자'로서 살게 해주겠다고 했다는 것이다. 그러나 이제 본격적인 생활비와 학비 등은 내 몫이었다. 당장의 숙식은 해결할 수 있지만 평생을 친구에게 의존해서 연명할 수는 없었기에, 나는 하루빨리 '어른'이 되어야 했다.

제일 먼저 사회복지적 도움을 받고자 했다. 비자발적인 1인 가구였고 또 방임이었기 때문에, 거주 지역 동사무소에 도움을 받을 수 있는지 물었다. 그러나 내 위치는 사회적으로도 법적으로도 매우 애매했다. 긴급 복지 지원을 받기에는 현재 노숙을 하는 상태도 아니고 실질적으로 거주할 수 있는 집이 있다는 점, 만 18세로 아동이 아니라 곧 성년을 바라보고 있다는 점, 가정폭력으로 인한 방임을 입증하기 위해서는 가정폭력에 대한 증명이 있어야 하는데 나는 경찰에 자발적으로 신고를 접수하여 재판까지 진행된 적도 없고 가출하여 쉼터를 이용한 적도 없다는 점 때문이었다. 가정폭력 피해를 겪은 정신과 상담 기록(2년 이상)과 아동학대피해예방센터에서 상담을 받은 기록, 아동학대 의심 사례로 스쿨폴리스에 연계되어 조사 받은 기록이 있었음에도 피해자로 인정받을 수 없었고 그에 따라 위기 상황의 1인가구로 인정받을 수도 없었다. 게다가 실제로는 나 혼자 살고 있으나 가족이 정식으로 세대 분리를 한 상황도 아니었기 때문에 굉장히 애매한 상황이었다. 다시 한 번 세상에 혼자 떨어져 처박힌 느낌이었다. '나 이제 어떻게 살지?' 여전한 의문을 가지고 바깥으로 나왔다.

세상은 최하위 약자여야만 도움을 받을 수 있구나. 그럼 내가 비교적 '괜찮은' 상황에 놓인 약자라서 도움을 받을 수 없는 걸까? 차라리 가족이 내가 더 어릴 때 집을 나갔으면 어땠을까 싶은 생각이 들었다. 아니면 내가 먼저 집을 나와 쉼터를 이용하고 가족을 가해자로 신고했으면 어땠을까 싶었다. 애매하게 나이를 먹어버린 나를, 가정폭력 상황에서 생존을 위해 얌전히 참고 버틴 나를 그 누구도 아닌 내가 원망하게 될 것 같았다. 그러면 안 된다고, 그러면 정말 내가 져버릴지 모른다고, 세상을 포기하게 될지도 모른다고 되뇌며 어지럽게 파도치는 마음을 양손 가득 꾹 쥐었다. 강해져야 했다. 지금 이 상황에서 나를 살릴 수 있는 건 나뿐이니까. 강해져야만 했다.

결국 나는, 내 모든 꿈과 욕망을 팔아 '어른'이 되었다. 나는 '아픈 아동·청소년을 안아주고 치유해주는 김해온'이라는 꿈을 꿔왔다. 나와 같은 피해 상황을 겪고 있거나, 그 외의 사회에서 발생하는 여러 피해 상황에 놓인 아동·청소년을 돕고 싶었기 때문이다. 그 꿈을 이루기 위해 학교에서 진학반을 선택하여 매일 야자를 하고 밤을 새며 3년 내내 대학을 준비했었다. 그러나 이제 다 지난 일이었다. 세상에 생존보다 우선인 것은 없었으니까. 취업 자리를 알아보다가 당장 입사할 수 있는 조건의 스타트업을 알게 되었고, 그해 10월 말, 급하게 입사했다. 학교에는 취업계를 냈다. 진학반이던 내가 갑자기 취업을 하자 학교에서는 크게 당황하여 이유를 물었으나, 사정이 생겼다는 말밖에는 할 수 없었다. '가족이 집을 나갔다'라는 말로 교무실에 싸늘한 정적을 선사하고 싶지는 않았으니까. 무엇보다도, 이들에게 나를 도와줄 열의가 있다고 기대하면 안 된다는 것을 무의식적으로 알고 있었다. 내가 가정폭력 상황에 있을 때도 방관했던 이들이니까. 근 1년 간 학교생활에서 점점 뒷걸음질치고 있던 나를 알고 있었음에도 일말의 관심도 주지 않았으니까. '이제 정말 올 일 없겠구나'라고 생각하며 학교 정문을 뒤로한 채 먹먹히 걸었다. 코끝이 쨍하게 시렸던 가을, 길고 긴 골목 끝까지 걸어가며, 언젠간 내 삶에도 긴 골목 끝에 빛이 비출 수 있기를 나지막이 바랐다.

　　취업 이후의 삶은 한 번도 살아본 적이 없는 낯선 삶이었다. 교복은 옷장 깊이 넣어두고, 매일 아침 출근을 해서 일을 했다. 업무 특성상 외근과 특근, 야근이 많아 꼭두새벽부터 일어나 밤늦게까지 여러 지역을 전전하며 일을 했고, 몸을 써야 하는 일도 가리지 않았다. 첫 월급이 들어오기 전까지 생계가 크게 불안정했기에 매일 끼니를 줄이고 최소한의 비용만 지출하며 버텼다. 친구들하고 연락을 할 시간 따위는 없었다. 이 모든 상황은 나를 자꾸만 낡게 만들었고, 나는 지쳤으며 또 빈곤했다. 그러나 이보다 문제가 되었던 건, 가족의 방임으로 인해 비자발적 1인가구로 전락한 나는 노동 현장에서마저도 약자일 수밖에 없었다는 것이다. 노동법에 대해 잘 알지 못하는 상태에서 취업했던 탓에, 월급이 맞게 들어오는지 야근수당은 얼마를 받아야 하는지 유급휴가는 얼마나 만근해야 받을 수 있는 건지 하나도 알지 못했다. 힘든 처지에 열심히 일하는 약자를 위해 마음을 써주고 아량을 베푸는 사람들 같은 건 TV에서나 볼 수 있는 것이었다. 사회에 떨어진 빈곤한 10대는 최소 비용으로 최대 노동을 강제할 가장 좋은 타깃 그 이상도 그 이하도 아니었다. 나는 아침 7시에 출근하고 밤 11시에 퇴근하며 주말 역시 출근을 하는 삶을 반복했음에도 한 달에 60만 원을 받았다. 설날에도 집에서 회사 일을 했고 어떤 날은 회사에서 밤을 새기도 했다. 무언가 부당하다고 직감적으로 느꼈으나, 고등학교도 졸업하지 않은 상황에서 3년 내내 진학을 준비하느라 변변찮은 자격증 하나 없던 나를 뽑아줄 곳은 없을 것 같았다. 있더라도, 그런 곳을 찾는 동안 비어버리는 생활비를 생각하면 그저 현실에 안주하고 타협하는 것이 최선이었다.

합격한 대학의 등록 마감기간이 다가오자 전화가 한 통 걸려왔다. 아침 7시부터 무거운 짐들을 쉴 새 없이 옮기고 나서 겨우 차에 올라탄 때였다. 급하게 전화를 받자, 한 여성분이 반가운 목소리로 내 신원을 확인하며 대학의 등록 마감기간을 안내했다. 내가 지원한 상담아동청소년학과의 교수라고 했다. 나와 같은 가정폭력, 아동학대 등의 위기 상황에 놓인 아동·청소년들을 돕는 일을 하겠다는 바람으로 지원한 학과였다. 면접을 보던 때가 생각났다. 교복을 입고 세 분의 교수님 앞에 앉아, 내가 겪은 피해 경험을 내적 자원으로 활용하여 사회에 환원함으로써 더 많은 아동·청소년을 구해내는 사람이 되겠다고 당차게 말하던 내가 있었다. 불과 몇 달 전 일이었지만 마치 태어나기 전 일인 것처럼 까마득하고 낯설게 느껴졌다. 꼭 등록해달라던 교수님의 말이 회상을 깼다. 나는 내 무릎 위에 놓인, 추위에 붉게 부르튼 반대편 손을 바라보며 많은 말들을 삼키고 전화를 끊었다. 12월의 그날은, 내가 기억하는 겨울 중 가장 추운 날로 남아 있다. 지금까지도.

이후의 삶은 빠르게 지나갔다. 월 60만 원으로는 최소한의 생활도 유지할 수 없었고, 회사에서의 반복된 폭언과 높은 업무 강도로 인한 나의 신체적·심리적 소진은 안 그래도 고통스러운 나를 더욱 깊은 수렁 속으로 끌고 갔다. 참고 참던 끝에 4월에 퇴사를 했고, 얼마 지나지 않아 바로 재취업을 했다. 재취업을 준비하면서 가장 크게 고려했던 것은 세 가지였다. '정해진 노동시간에 정당한 노동의 대가를 받으며 일하자' '내가 약자가 아닌 동등한 주체가 될 수 있는 일터를 찾자' '내가 사명감을 갖고 가치연결을 하며 일할 수 있는 환경인지 확인하자' 이 세 가지의 목표를 갖고 찾아본 끝에, 딱 맞는 곳을 발견했다. 바로 '십대여성인권센터'라는 곳이었다. 평소 '십대' '여성' '인권' 세 키워드 모두에서 활동을 해왔던 나였기에 역량을 발휘할 수 있겠다는 확신이 들면서도, 센터에서 전개하는 가정폭력·성착취 피해 지원 활동과 그 외 10대 아동·청소년 권리 증진 활동 역시 '내가 꼭 해야 하는 일'처럼 느껴졌다. 열아홉 살 때 포기했던 꿈이 4월, 그 따뜻한 봄에 한 마리 나비처럼 마음 안으로 포실포실 날아왔다.

이 곳에 입사하여 바라본 세상은 참혹했다. 내가 알던 세상은 그저 빙산의 일각일 뿐이었다. 나는 잠깐이라도 머물 거처가 있었고, 만 18세로 아르바이트를 하거나 일자리를 구할 수 있는 상태였지만 세상에는 그러지 못한 위기 아동·청소년들이 훨씬 더 많았다. 그들은 세상 곳곳에서 위태롭게 살아가고 있었다. 가정폭력으로 인해 집을 나왔는데 갈 곳이 없는 아이, SNS에 갈 곳이 없으니 도와달라고 올린 글을 보고 연락이 온 낯선 사람으로부터 성착취 피해를 입은 아이, 비슷한 경우로 성매매업소에 갇혀 성착취 피해를 연쇄적으로 입고 있는 아이들이 있었다. 가정폭력은 살아남기 위한 가출로 이어졌고, 가출한 10대 아동·청소년은 성인이 아니라는 이유로 어디에서도 잘 수가 없었기 때문에 잘 곳을 구해야만 했고, 성매수자·성매매업소 업주는 그러한 사정을 노려 잘 곳을 제공해주고 돈을 해결해주겠다며 아동·청소년을 성착취의 소굴로 유인했다. 성착취 피해 예방을 위해, 우리 기관은 가출 상황에 있는 아동·청소년에게 말을 걸어 가출 상황 시 생겨날 수 있는 위험성에 대해 안내했다. 그러나 그럴 때 돌아오는 아동·청소년들의 답은 "저도 아는데 쉼터는 가기 싫어요"였다. 왜 가기 싫은지를 물어보자 쉼터는 규칙이 너무 엄격해서 휴대폰을 사용하지도, 자유롭게 외출을 하기도 어렵다는 것이다. 입소를 위해서는 부모의 동의가 필요한 쉼터 특성상 가출 상황에서 부모에게 자신의 위치가 알려지는 것이 두려워 가지 않은 아동·청소년도 있었다. 가장 힘든 경우는 이미 쉼터를 이용한 경험이 있는 아동·청소년이었다. 이들은 아주 예전부터 쉼터를 이용했기 때문에 쉼터에서 어떤 규칙을 지켜야 하며 '보호'라는 이름으로 어떤 일들을 강압하고 있는지 너무 잘 알았다. 최악의 경우는 쉼터 담당 선생님으로부터 폭력 피해를 경험한 아동·청소년이었다. 이들은 가정에서 피해를 경험하여 가출을 한 뒤 유일한 거주지였던 쉼터에서마저 피해를 경험했기 때문에 어디에도 갈 곳이 없었다. 부모 동의를 받을 수 없어 아르바이트도 하지 못하는 이들은 금전 혹은 잘 곳을 대가로 한 성착취 피해에 여실히 노출되고 있었다. 어렵게 거주지를 구한 10대 아동 · 청소년들의 상황도 크게 다르지 않았다. 주로 월세를 감당하지 못해 — 부모 동의 없이도 일을 할 수 있는 유일한 곳인 — 성매매업소에서 일을 하는 등 다시 성착취라는 수렁으로 내몰리고 있었기 때문이다. 우리는 그런 아동 · 청소년들에게 성착취 피해의 위험성에 대해 알리고 지원 내용을 안내하곤 했으나, "그럼 쉼터 말고 저희가 혼자 살 수 있는 방법을 알려주세요. 더 이상 갈 곳도 없어요" 하는 말을 들을 때면 어떤 답변도 하기가 어려웠다.

이렇듯, 갈 곳이 없는 10대 아동 · 청소년을 위해 정부에서 운영하고 있는 제도는 쉼터, 그룹홈 등이 전부다. 그렇다고 치열한 주거 경쟁 사회에서 이 아이들이 우위를 독점할 수 있는 방법도 없다. 어떻게든 거처를 찾는다고 하여도 이들이 안정적으로 주거를 유지할 수 있도록 돕는 사회적 지원도 없다. 너무나도 잔인한 이 사각지대에서, 지금도 10대 아동 · 청소년들은 매일 거리를 활보하며 온갖 위험에 노출되고 있다.

통계청에서 발표한 성별 · 연령별 1인가구(2019)＊에 따르면, 20세 미만 1인가구의 비율은 여성이 1%, 남성이 0.9%이다. 아마 이중에서는 고등학교 진학, 이른 대학교 진학 등으로 인해 자취 생활을 하는 이들이 대다수일 것이다. 그러나 내가 말하

＊　통계청 〈2020 통계로 보는 1인가구〉

고 싶은 '비자발적 10대 1인가구'(나는 가정폭력 등의 위기로부터 살아남기 위해 어쩔 수 없이 집에서 도망쳐 나오게 된 것을 '자발적'이라고 보고 싶지 않다)는 아마 이 통계자료에 없을 것이다. 최하위 약자는 그 누구에게도 소리 내지 못하고, 미디어에도 나오지 못한 채로 조용히 살아가고 있기 때문이다. 나 역시도 1인가구로 전락하기 전까지, 이 기관에 입사하기 전까지는 위기 상황에 놓인 10대 1인가구가 어떻게 살아가고 있는지 전혀 알 수가 없었다. 나는 이런 경험을 통해, 최하위 약자는 우리의 시선 외곽에서 존재하기 때문에, 시선을 넓히고 세상을 둘러볼 생각을 하지 않으면 발견할 수가 없다는 것을 깨닫게 되었다.

나는 이 문제를 깨닫고 나서 당사자로서, 그리고 현실을 가장 가까이서 본 관찰자로서 세상을 변화시키기 위해 부단히 노력해왔다. 스무 살 때 거주지의 주민자치위원회에 지원하여 최연소 위원으로서 활동했고(거처 불안정으로 갑작스레 이사를 하게 되며 규칙에 따라 자동 활동종료가 되었지만), 동사무소와 구청, 가정폭력피해상담소와 청소년자립지원관, 청년주거지원시설(셰어하우스 등) 등에 찾아가보고 각종 청소년·청년주거지원제도를 검색하며 위기 상황에 놓인 10대 1인가구 혹은 사회초년생을 위한 주거지원이 어떤 형태로 얼마나 구축되어 있는지 확인했다. 열아홉 때보다 훨씬 더 체계적으로 조사를 진행했지만, 결과는 역시나 비슷했다. 동사무소와 구청, 가정폭력피해상담소는 역시 피해자로 인정받기 위한 수단(쉼터 이용, 재판 등)이 필요했다.

자립지원관이나 그룹홈(그룹홈은 특히, '가정폭력' 피해자 전체를 대상으로 하기 때문에 아동·청소년 외에도 부부 관계에서의 가정폭력 피해자도 이용이 가능하다)의 경우에는 수요자들에 비해 자원이 매우 부족했으므로 엄격한 심사로 궁핍의 정도를 걸러냈으며, 청년 주거지원시설은 고시원이 아니고서야 상당한 월세와 보증금을 필요로 했다. 마지막으로 청년주거지원은 청년주택, 행복주택 등이 있었는데 추첨이 기본적이었으며 우선순위에 들기 위해서는 쉼터에 입소하는 것을 넘어 '쉼터 보호종료청소년'으로 인정이 되어야 했다. 자, 그렇다면 위기 상황의 10대 1인가구가 도움을 받기 위해서는 다음과 같은 노력이 필요하다. 일단 피해를 인정받기 위해서 '무조건 가출을 하여 부모 동의하에 쉼터를 이용'하거나 '보복이 두려워도 우선 부모를 신고하여 재판까지 진행'해야만 한다. 또한 지원을 받기 위해서는 일시쉼터, 단기쉼터, 중장기쉼터라는 순서에 맞추어 쉼터에서 온갖 자유를 제한당한 채로 보호종료가 되는 '성인이 될 때까지 버텨내야만' 하며, 보호종료가 된 후에는 거처 없이 노숙을 전전하는 상태이거나 매우 불안정한 상태에서 의식주를 유지하기 힘든 상황에 놓여야만 한다. 물론 이 모든 과정을 갖춘 상태라고 하더라도 자원 부족으로 인해 추첨 또는 심사에 따라 자립지원관, 청년주택, 행복주택 등의 지원제도를 받지 못하게 될 수도 있으며 만약 그렇게 된 경우에는 다시 원점으로 돌아가 살아남을 방법을 찾아보아야 한다.

개인적 차원의 노력으로 되는 일이 아니었다. 문제 해결을 위해 필요한 조건, 예를 들어 자원의 확충, 위기 상황에 놓인 10대 1인가구를 위한 지원의 확대, 사회적 관심 등은 제도적인 변화와 사회구성원 모두의 노력이 필요한 일이다. 더 이상 할 수 있는 일이 없겠다는 생각에 패닉에 빠져있던 내게, 법무부 사공일가 TF에서 민간위원으로서 활동하게 되는 새로운 기회가 생겼다. 망설일 틈도 없었다. '세상에 잘 알려지지 않은 (위기 상황에 놓인) 10대 1인가구를 대표하여, 그들을 위한 제도적 변화를 만들어내겠다'라는 뚜렷한 목표를 갖고, 바로 뛰어들었다. TF에서는 '친족' '상속' '주거' '보호' '유대'라는 5대 중점 과제에 대해 제도 개선 방안을 발굴하는 과정을 거쳤다. 처음 접해보는 여러 갈래의 법들은 어려운 부분도 많았고, '위기 상황에 놓인 10대 1인가구'와 접목하기 쉽지 않은 과제도 있었기 때문에 회의시간마다 다른 위원 분들의 이야기에 경청하고 정신없이 필기를 하며 배워갔다. 물론 처음에는 내가 내 목표를 과연 잘 달성하고 있는 것인지 의문이 들기도 했다. 하지만 내가 이 시간, 이 자리에 앉아 여러 위원 분들과 함께 여러 제도를 검토하고 개선 방안을 발굴하는 것 자체가 (위기 상황에 놓인) 10대 1인가구 경험자로서 (위기 상황에 놓인) 10대 1인가구의 존재성을 다지고, 세상을 바꾸어나가는 데 일조하는 행위라고 믿었기 때문에 처음부터 끝까지 매순간 즐겁고 행복했다. 또한, 위원 분들께 우리 기관을 알리고 위기 상황의 10대 1인가구에 대해서 말씀드릴 수 있었음에, 스물둘이라는 어리다면 어린 나이에 이렇게 소중한 기회를 받을 수 있었음에 그저 마음 깊이 감사했다.

나는 이번 사공일가 TF 활동을 통해 내 생존 경험과 직무 경험이 위기 상황에 놓인 10대 1인가구를 대표할 수 있는 소중한 내적자원으로 활용될 수 있음을 배웠다. 그 자원을 바탕으로 세상을 바꾸겠다고 다짐하고 행동했을 때 자원은 에너지가 되어 나를 지나, 그리고 내 옆에 앉은 누군가를 지나, 마침내 모든 사람들을 지나 커다란 변화의 폭풍을 만들어낼 수 있다는 가능성 역시 배웠다.

마지막으로, 열아홉 때 혼자 집에 남겨지던 날 삶을 포기하지 않고 끊임없이 생존해온 나에 대한 감사와 사랑을 배웠다.

나는 사공일가 TF 활동을 통해 얻은 계속해서 살아나갈 용기와 부드러운 힘, 세상을 바꿔나갈 커다란 에너지로 더 많은 세상을 만나고 더 많은 목소리를 내며 더 많은 변화를 이끌어내려 한다. 10대 아동·청소년이 홀로 생존하게 됐을 때 어디에 도움을 청해야 하는지 알 수 있는 사회가 오기를, 위기 상황에 놓인 10대 1인가구가 결코 성착취라는 수렁으로 내몰리지 않도록 자신의 선택만으로 노동을 하고 그에 대한 대가를 받을 수 있는 사회가 오기를, 중등교육기관에 재학 중이지 않은 (위기 상황에 놓인) 10대 1인가구라고 하더라도 노동교육을 받을 수 있도록 하여 노동 환경에서 부당한 대우를 받지 않는 사회가 오기를, 위기 상황에 놓인 10대 1인가구가 자신의 피해를 온갖 서류로 증명해내지 않고도 생존자로서 당연하게 지원을 받을 수 있는 사회가 오기를, 그 끝에 결국 위기 상황에 놓인 세상의 모든 10대 1인가구가 거처와 생존을 걱정하지 않아도 되는 사회가 오기를 간절히 바라본다.

혼자 살지만
함께 사는 세상

오성아(초등학교 교사)

저는 부르기에 따라 1인가구일 수도 있고 아닐 수도 있습니다. 비혼이기 때문에 1인가구이지만 부모님과 함께 살기 때문에 1인가구가 아니기도 하죠. 이 사회의 구성원으로 살지만 그동안 구성원으로서 인정받지 못했던 1인가구의 모습이 제가 아니었을까 돌아봅니다. 법무부에서 발족한 사공일가 TF에 민간위원으로 추천을 받았습니다. 도움이 될까 고민했지만, 변화의 첫 단추에 작은 역할이라도 할 수 있으면 좋겠다고 생각하여 참여했습니다. 걱정보다 호기심이 앞섰고 입법을 위한 진지한 토론이 기억에 남지만 묵묵히 나라를 위해 일하는 공무원들의 모습에 감사하는 마음이 우러나온 경험이었어요.

코로나19 방역 단계로 인해 TF는 단체 채팅방에서 만났습니다. 먼저 들어와 계신 위원님들의 면면을 보니 평소에 접할 수 없던 분야에 종사하는 분들이셨지요. 그분들의 이야기를 듣는 것만으로도 저에게는 새로운 경험이었습니다. 한편으로는 각 분야의 전문가들이 모인 자리에 내가 어떤 도움이 될까 걱정도 됐어요. 그러나 이미 발을 담근 상태였기에 용기를 내어 채팅과 회의에 참석했습니다.

TF를 수행하면서 인상 깊었던 부분 중 하나가 팀워크였어요. 한마디로 민관의 조화였지요. 다소 거창하게 들릴지 모릅니다. 첫 모임을 하기 전이었는데 채팅방에 모인 분들이 의견을 활발하게 개진해주셨어요. 그 결과 '사회적 공존을 위한 1인 가구'라는 긴 이름이 '사공일가'라는 기억하기 쉬운 사자성어 형태로 지어졌습니다. 민간위원들은 해당 분야에서 연륜과 경륜을 쌓은 분들이 많았어요. 그런데 채팅방에서는 20대처럼 발랄하고 활기찼습니다. 실제로 뵙고 속으로는 많이 놀랐지요. 반면 법무심의관실에 계신 여러분들은 중후한 분위기를 풍겨서 근무 기간이 긴 공무원들이신 줄 알았는데 만나고 보니 젊은이 특유의 생기를 간직한 분들이었어요.

겨울의 기운이 남아 있는 2월의 어느 날, 첫 회의 참석차 과천정부종합청사를 방문했던 때를 기억합니다. 회의장소로 들어가는 모든 과정이 새로웠습니다. 누가 저를 봤더라면 현장학습을 온 초등학생이라고 생각했을지도 몰라요. 정부기관이기 때문에 짐 검사와 신분 확인 후 출입증을 받아 법무부 건물로 들어갔습니다. 신분 확인 절차조차 놀이공원으로 들어가는 것 같았으니까요. 1차 회의 장소는 국무회의실이었습니다. 초등학교 6학년 1학기 사회교과서를 통해 학생들은 입법부, 사법부, 행정부의 하는 일을 배웁니다. 국무회의실에 들어서는 순간 학생들에게 전할 이야기들부터 떠올랐습니다. 크지도 작지도 않은, 소박한 느낌마저 주는 국무회의실이었습니다. 첫 모임이라 장관님께서도 참석하여서 위촉장과 함께 격려를 해주셨습니다. 장관님의 당부 말씀을 들으며 잘해야겠구나 하는 생각을 했지요. 1차 회의를 시작으로 2차, 3차 회의를 진행했고, 전문위원들이 보강되면서 사공일가 TF는 입법을 위한 준비를 차근차근 해나갔습니다. 대면 회의와 단체 채팅방에서 TF 민간위원들은 다양한 경험을 공유했습니다.

혼자일 때는 나만의 문제라고 생각했던 문제들이 드러내고 보니 우리의 문제였어요. 내가 고민했거나 의문을 가졌던 그 문제들이 나만의 문제가 아니었습니다. 나만의 문제가 옆 사람의 문제가 되고 우리의 문제가 됐을 때 함께 고민하고 해결책을 찾습니다. 또 일반 국민들끼리의 문제가 아니라 국가기관이 귀를 기울이고 해결하고자 하는 우리의 문제가 되었습니다. 각각 떨어져 있는 것처럼 보이지만 함께였죠. 민간위원들의 다양한 경험을 법무심의관실 법무관님들과 사무관님들을 비롯한 법률 전문가들이 입법이 가능한 사안들로 다듬어갔습니다. 함께 사는 세상이었어요. 교사로서 이런 과정을 흥미롭게 지켜봤습니다.

1년이 안 되는 사공일가 TF 활동이었어요. 끝이 아니라 시작입니다. 멀리가지는 못했지만 첫걸음을 잘 뗴었습니다. 앞으로 함께 한 걸음 한 걸음 나아가리라 기대해봅니다.

베토벤도 공자도
1인가구였다

역사 속 인물은 어떻게 독신의 고충을 극복했을까?

명로진(인디라이터연구소 대표 · 배우)

서론

필자는 2021년 법무부 산하 사공일가 TF의 일원으로 참가했다. 사공일가는 열띤 회의와 토론을 거쳐 '친양자제도 개선' 및 '반려견의 물건 개념 정립' 등 1인가구를 위해 탁월한 성과를 냈다. 필자는 이 성과의 마무리를 위한 백서에 역사 속 인물 중 1인가구를 찾아 그들의 고충 및 극복 방식에 대해 이야기하고자 한다.

이 글은 베토벤, 공자, 피타고라스의 삶에 대해 다루었다. 이들은 1인가구이면서 나름의 방식으로 독신의 단점을 이겨내고 인류사에 기여했다. 에세이의 한계로 학문적 깊이를 담보하지 못했기에 미리 독자의 양해를 구한다.

고독과 병마를 예술로 승화한 음악가,
루드비히 판 베토벤

2017년 여름, 필자는 베토벤(1770~1827)이 살았던 오스트리아 빈 북부 하일리겐슈타트를 방문했다. 베토벤이 살았던 집을 방문하고 그가 걸었던 산책로를 거닐었으며 그가 자주 들렀다는 식당에 들러 '베토벤 와인'을 마시기도 했다. 베토벤은 독일 본에서 태어났지만 성인이 된 이후 주로 빈에서 혼자 살았다. 평생 결혼도 하지 않았다. 철저한 1인가구인 셈이다.

나는 '베토벤 거리'라 이름 붙은 산책로에서 음악가의 고독을 느꼈다. 전원교향곡을 작곡했다는 식당에서 그의 영감을 떠올려보기도 했다. 베토벤이 피아노 소나타 〈함머 클라비어〉를 썼다는 빈의 또 다른 전시실에서는 중년 독신남의 실상을 보기도 했다. 박물관은 베토벤의 방을 너무 사실적으로 꾸며놓았다. 책상 위에는 구겨진 악보가 있고 소파와 바닥에는 정리되지 않은 옷가지 등이 널려 있다. 박물관 큐레이터 중 1인가구인 사람이 있는 게 분명했다.

필자 역시 3년 동안 기러기 아빠로 혼자 살았던 적이 있다. 그때 내 집 거실은 베토벤의 정리 안 된 방과 흡사했다. 먹다 남은 음식이 테이블 위에 놓여 있고 설거지는 쌓여 있으며 바닥에는 신문지와 속옷이 널브러져 있었다. 중년 독신남 베토벤의 방을 보던 나는 1812년의 어느 날이 떠올랐다. 이날 베토벤과 괴테는 보헤미아의 테플리츠 거리를 걷고 있었다. 멀리서 오스트리아 왕자인 루돌프 대공이 마차를 타고 오고 있었다. 이때의 상황을 베토벤은 이렇게 기록했다.

> 괴테는 나의 팔을 빠져 나가 길옆에 몸을 붙이고 섰습니다. 내가 뭐라고 해도 그는 한 걸음도 앞으로 나가지 않는 것이었습니다…. 루돌프 공은 나를 보자 모자를 벗어들었고, 공비(公妃)께서도 나보다 먼저 인사를 하셨습니다…. 일행이 괴테 앞을 지날 때 나는 웃음이 나왔습니다. 그는 모자를 손에 들고 길옆에 서서 공손하게 허리를 굽히고 있는 것이었습니다. *

예술가를 후원했던 루돌프 대공은 베토벤의 15년 스폰서이기도 했다. 막대한 부와 권력을 지닌 대공의 행렬에 괴테는 허리를 90도로 꺾어 인사를 했다. 그런데 베토벤은 뒷짐을 진 채 고개를 까딱할 뿐이었다. 베토벤은 이 일이 있고 나서 "예술가의 품위를 잃고 대공에게 아부했다"며 괴테를 크게 비난했다.

* 로맹 롤랑 지음, 이정림 옮김, 《베토벤의 생애와 음악》, 범우사, 2007, 51쪽

괴테는 나중에 친구에게 "베토벤은 불행하게도 자제심이 없는 사람이다. 그가 이 세상을 좋게 보지 않는 것은 틀린 일은 아니다… 그는 귀머거리다. 우리는 그를 동정해주어야 한다"[*]고 말했다.

당대의 권력자 앞에서 왜 괴테는 고개를 숙였고 베토벤은 뻣뻣했을까? 두 사람의 기질 차이도 있겠지만 무엇보다 베토벤은 '1인가구'였고 괴테는 처자식이 있는 가장이었기 때문이라고 추측해본다.

괴테(1749~1832)는 크리스티아네 폰 불피우스(1765~1816)와 결혼해 다섯 명의 자식을 낳았다. 루돌프 대공을 만날 당시 괴테의 아들 아우구스트는 대학을 두 번이나 다니고 아버지의 개인 비서 역을 하고 있었다. 말이 좋아 비서지 솔직히 말하면 백수였다. 괴테의 작품 여행을 따라다니며 수발을 들었는데 술을 좋아해서 종종 취해 있는 모습이었다. 괴테는 이렇게 가족을 부양하는 의무를 졌기에 산다는 게 녹록치 않다는 걸 잘 알고 있었다. 대공 아니라 대공의 말에게도 얼마든 고개를 숙일 수 있는 상태였다.

반면, 베토벤은 예술가로서 자부심과 개인적 자존심이 강했던 인물이다. 딸린 가족도 없었기에 여차하면 하루에 빵 하

●　　로맹 롤랑, 위의 책, 52쪽

나로 버티거나 '나는 자연인이다'로 살아가도 되는 형편이었다. 이게 1인가구의 편리함이다. 외롭다는 단점과 더불어 자유롭다는 장점이 있다. 하지만 독신이었기에 베토벤은 질병에 취약했다. 나 역시 1인가구로 살았던 몇 년 동안 두 번 정도 아픈 적이 있었다. 한 번은 장염, 한 번은 요통으로 이틀 정도 꼼짝 못 하고 누워 있었는데 혼자 앓는 것처럼 서러운 게 없다. 이럴 때는 손바닥을 핥아주는 반려동물이라도 있었으면 했다.

1인가구 배려의 역사

《맹자》 양혜왕 하편에 있는 이야기다. 제나라 선왕이 왕도 정치를 행할 방법을 묻자 맹자는 이렇게 답했다.

늙고 아내가 없는 이를 홀아비[鰥]라고 하고, 늙고 지아비가 없는 이를 과부[寡]라고 하며, 늙은데 부양해줄 자식이 없는 이를 무의탁자[獨]라 하고, 어린데 보살펴줄 부모가 없는 이를 고아[孤]라고 합니다. 이 네 부류의 사람은 천하의 곤궁한 백성들로서 어디에도 호소할 데가 없는 이들입니다. 문왕은 정사를 펴서 어진 마음을 베풀 때 반드시 이 네 부류의 사람을 가장 먼저 배려했습니다. *

이른바 환과고독(鰥寡孤獨) 중 '독'은 현대적 의미의 1인가구다. 민요 〈매화타령〉에는 "인간 이별 만사 중에 독수공방이 상사난이란다"라는 구절이 있다. 인간이 겪는 수많은 어려움 중 혼자 사는 고충이 으뜸이라는 의미다. 독수공방하며 아프기까지 하다면? 이런 사람은 반드시 돌봐주어야 한다. 사적으로 해결된 문제가 아니기에 공적인 도움을 주어야 한다. 이런 생각은 이미 수천 년 전부터 인류의 의식 속에 자리잡고 있었다.

'노인돌봄 맞춤 서비스'라는 게 있다. 일상생활이 어려운 노인에게 안전 확인, 생활교육, 서비스 연계, 가사 지원, 활동 지원 등 맞춤형 복지를 제공하는 서비스다. 독거노인에 대한 종합적 사회 안전망 구축을 위해 시행되고 있으며, 관련 근거는 노인복지법 제27조의 2항(홀로 사는 노인에 대한 지원), 사회복지사업법 제33조의 7항(보호의 방법)에 명시돼 있다.

이 서비스는 시·군·구에 등록한 기관에서 제공한다. 서비스 신청 자격은 만 65세 이상 국민 기초 생활 수급자, 차상위계층 또는 기초 연금 수급자로 독립적 일상생활에 어려움이 있는 것이 확인된 경우다. 관련 대상자가 거주지 읍·면·동 주민센터를 방문하거나 전화·우편 등으로 신청할 수 있고, 수행기관이 조사한 뒤 자치단체가 승인하면 서비스 받을 수 있다.**

●   맹자 지음, 박경환 옮김, 《맹자》, 홍익출판사, 2005, 68쪽

돌봄 서비스를 만 65세 이상뿐 아니라 "질병 및 우울로 도움이 필요한 1인가구 주민"으로 확대해야 맞는 것 아닐까? 외로움과 병마라는 이중고는 노소를 구분하지 않는다. "늙기도 서러라커늘 짐을 조차 지실까"라는 시조의 구절은 '노년+육체적 고통'의 중복된 부담이 크다는 것을 노래하고 있는데 1인가구인이 병까지 걸리면 '혼자도 서러운데 아프기까지 해야 할까'로 바꾸어 부르고 싶을 정도로 힘겹다. 혼자 사는 내가 아플 때 누군가 와서 두어 시간 이야기라도 나눠준다면 얼마나 좋을까? 큰 위로가 될 것이 분명하다. 향후 '1인가구를 위한 맞춤 돌봄 서비스'도 시행되기를 기대해본다.

예술혼으로 고통을 이겨내다

베토벤은 평생 복통과 설사로 괴로워했다. 당시에는 화이트와인에 사탕수수에서 추출한 설탕 대신 납 성분의 값싼 감미료를 넣었다. 베토벤은 이런 와인을 과음했기에 납중독이 원인인 이명과 난청에 시달렸는데 30대 이후 내내 괴로워했다. 음악가로서 치명적인 질병이었다. 과도한 음주로 인해 간경변에

●● 　노인돌봄 서비스에 대한 내용은 네이버 지식백과 참고.

걸렸고 류머티즘, 폐렴, 황달도 겪었다. 사후 그를 부검해보니 간, 신장, 비장 등이 심각한 상태였다고 한다.

그럼에도 베토벤은 뛰어난 음악을 작곡해낸다. 병마가 극심했던 생의 후반기에 그는 장엄미사, 교향곡 9번, 디아벨리 변주곡과 현악 사중주곡, 소나타 등을 만들었다. 고독과 질병이라는, 독신이자 노년이 짊어지고 가야 할 필연의 고통 속에서도 예술적 혼을 놓치지 않았던 음악가는 위대한 작품을 생산해냈다. 전 세계 1인가구들이여, 괴롭고 힘들 때는 베토벤의 피아노 소나타 32번을 들으라.

다시 1812년으로 돌아가보자. 이때 베토벤은 이미 유럽 사회에서 존경받는 음악인의 반열에 오른 상태였다. 더구나 루돌프 공은 베토벤의 음악적 재능에 반해 그의 제자를 자처하며 종종 피아노를 배우기도 했다. 아마도 이런 관계였기에 베토벤이 먼저 루돌프 공에게 고개를 숙이지 않았으리라.

나도 부양가족이 없다면, 장관이나 국회의원에게 넙죽넙죽 고개를 숙이지 않을 텐데…. 방송국에 가면 피디들에게 아부성 발언을 하지 않을 텐데…. 일을 주는 '갑'들에게 떳떳할 텐데…. 재능이 박하고 잘하는 게 없다 보니 그저 얄팍한 처세로 세상을 살아간다. 톡이 울린다. 아들이다.

'아빠. 노트북이 오래된 거라 학업에 지장이 있습니다. 새 거 하나 장만해도 될까요?'

조만간 150만 원쯤 깨지겠구나. 피디분이나 출판사 대표분들 만나면 열심히 허리 숙여 인사하고 다녀야겠다.

공자와 피타고라스,
1인가구 공동체를 만들다

공자(기원전 551~479년)는 54세 때 고국인 노나라를 떠나 다시 돌아올 때까지 14년간 천하를 주유했다. 이때 가족과 헤어져 지냈다. 공자는 '출처(出妻)' 의혹을 받는데 출처는 현대적 의미로 이혼이다. 이혼을 했는가 아닌가는 차치하고라도 공자는 춘추시대 이 나라 저 나라를 떠돌 때 분명 별거 상태였으며 자식과도 드물게 만난 것이 사실이다. 법률적으로 그 역시 '1인가구'로 분류된다.

공자는 1인가구의 치명적 단점인 외로움을 극복하기 위한 방법으로 공동 거주를 택했다. 적게는 십여 명, 많게는 백여 명의 제자와 숙식 및 여행을 함께했는데 제자들 역시 대부분 1인가구였다.

공자보다 조금 앞선 시기에 그리스 철학자 피타고라스(기원전 580~500년)도 추종자 300여 명과 공동 거주했다. 이들은 재산을 공동으로 사용하고 육식을 금하는 생활을 했다. 피타고라스는 공동생활에서 오는 불필요한 갈등을 줄이기 위해 다음과 같은 획기적인 규칙을 만들었다.

"하루에 세 마디 이상하지 말 것."*

1994년, 필자가 연극 〈덕혜옹주〉에 출연했던 때 1인가구였던 배우 한상미 님은 이런 말을 한 적이 있다.

"혼자 살면 하루 종일 말을 하지 않게 돼. 그럼 저녁에 목이 잠겨요. 근데 연극배우가 저녁에 공연이 있는데 목 잠겨서 나가면 되겠어? 그래서 오후 3~4시쯤부터는 혼잣말도 하고 소리도 지르고 노래도 하고 그런다니까, 하하하."

공자는 제자들에게 피타고라스식 묵언 수행을 강요하지 않았다. 따라서 스승 - 제자, 제자 - 제자 사이에 오간 수많은 대화가 전해온다. 피타고라스학파는 '묵언 수행'을 함으로써 내부로 침잠했다. 반면 공자 학단은 '무차별 대화'를 통해 고독을 외부로 발산했다. 이 대화는 동양철학의 근간이 되는 사상의 밑거름이 되기도 했다.

공자와 제자의 대화

子曰: 由! 誨女知之乎(자왈: 유! 회여지지호)

知之爲知之, 不知爲不知, 是知也(지지위지지, 부지위부지, 시지야)

---

*   "그들에게는 예사롭지 않은 묵언의 규칙이 있었기 때문이다." 김인곤 외 옮김, 《소크라테스 이전 철학자들의 단편 선집》, 아카넷, 2005, 172쪽을 참고한 추정.

공자께서 말씀하셨다. "자로야! 너에게 안다는 것이 무엇인지 가르쳐주마. 아는 것은 안다고 하고 모르는 것은 모른다고 하는 것, 그것이 아는 것이다."

_《논어》 위정 이편

공자가 수제자 자로와 한 대화다. 《논어》 속 대화는 주로 제자가 먼저 공자에게 말을 걸거나 질문하고 스승이 대답하는 구조다. 위정 편의 위 대화는 공자가 먼저 자로에게 대화를 건넨 드문 경우다. 평소 앞만 보고 직진하는 자로의 성격상 알지 못하면서 안다고 했을 가능성이 있다. 이를 보고 선생은 훈육한다. "지(知)란 솔직함이다"라고.

스승과 제자의 대화가 늘 이렇게 아름다운 건 아니다. 불꽃 튀는 설전도 있다. 《논어》 양화 편에 이런 이야기가 있다.

재아(宰我)가 선생님에게 말했다. "3년 상은 기간이 너무 깁니다. 3년 상을 치르느라 예의나 음악 같은 것도 다 잊어먹게 됩니다. 1년만 지나도 쌀이 묵은 쌀이 되고 사람들은 새 계획을 세웁니다. 3년 상을 줄여서 1년 상만 하면 될 것입니다."

스승께서 말씀하셨다. "너는 부모의 상을 당하고서 쌀밥을 먹고, 비단 옷을 입는 것이 맘 편하냐?" 하니, 재아는 "편합니다" 했다.

스승께서 다시 말씀하셨다. "네가 편하면 그대로 하려무나. 군자가 부모 상을 당하고 있을 적엔 맛있는 음식을 먹어도 달지 않으며, 즐거운 음악을 들어도 즐겁지 않으며, 거처하는 곳이 편안해도 편안하지 않기 때문에 이런 것을 하지 않고 있는데, 지금 너는 이런 것을 마음에 편안하게 여기고 있으니 그렇다면 마음대로 해라."

재아가 밖으로 나가니 스승께서 이런 말씀을 하셨다. "재아는 속이 좁구나. 자식이 태어난 지 3년이 되어야만 부모의 품을 벗어나게 된다. 그래서 부모의 은혜를 갚기 위해 3년 상을 지내는 것이야. 이건 모든 사람들이 다 인정하고 지내는데, 재아는 그런 부모님 사랑을 받지 못한 것인가?"*

현실주의자 재아가 1년 상을 주장하자 유교의 시조 공자가 나무라는 대목이다. 그런데 대드는 재아도 재밌고 머리 쳐들고 우기는 제자 앞에서는 "맘대로 해"라고 해놓고는 제자가 나가고 나니 뒷담화를 하는 스승도 웃긴다. 유신시대라면 이런 제자는 영화 〈친구〉의 악덕 선생 김광규에게 따귀를 맞으며 "느그 아부지 뭐하시노?"라고 힐난을 받았을 거다.

* 명로진 지음, 《논어는 처음이지》, 세종서적, 2017, 349쪽

대화가 빚어낸 사상의 단초

공자 학단은 갈등을 긍정적으로 봤다. 만약 제자는 스승의 말에 복종하고 스승은 권위로 가르쳤다면 공자 사상이 이토록 오랜 세월 이어지지 않았을지도 모른다. 이들은 서로의 의지처였고 가족이었다. 수준 높은 고담준론은 릴레이처럼 이어지는 대화 속에서 빚어졌다. 《논어》에 이런 장면이 나온다.

제자 번지(樊遲)가 "지혜가 뭡니까?"하고 묻자 공자는 "사람을 아는 것"이라고 답한다. 번지는 힘은 좋았지만 머리는 썩 좋지 못했다. 고개를 갸웃거리니 공자는 "굽은 판자 위에 곧은 판자를 놓아 누르면 굽은 판자가 펴지잖니? 그처럼 바른 사람을 등용하여 못된 사람 위에 두면, 못된 사람을 바르게 만들 수 있단다"라고 덧붙였다. 그래도 번지는 이해가 안 됐다. 번지는 공자의 수레를 끄는 이였다. 지금으로 말하면 드라이버다. 귀가하자마자 번지는 공자 학단의 수재 자하(子夏)에게 묻는다. "내가 선생님한테 지혜가 뭐냐고 여쭈었더니, '바른 사람을 등용해서 그릇된 사람의 위에 두면, 그릇된 사람을 바르게 만들 수 있다'고 했어. 무슨 뜻일까?"

이를 듣고 영특한 자하가 답한다. "대박! 순 임금이 천하를 다스릴 때 고요를 재상으로 삼으니 못된 사람들이 멀리 사라졌지. 또 탕 임금이 천하를 다스릴 때는 이윤을 등용하니 역시 나쁜 사람들이 없어졌어."

선생－제자－제자로 이어지는 질문과 대화 속에서 유가 사상의 싹이 트고 있었다. 갈등과 대립이 있더라도 대화를 하다 보면 해결의 실마리는 보이는 법이다. 공자는 제자 중 특히 자공과 나누는 대화를 통해 다양한 고사성어를 남겼다. 기소불욕 물시어인(己所不欲 勿施於人, 내가 하기 싫은 일은 다른 이에게 시키지 말라), 문일지십(聞一知十, 하나를 들으면 열을 안다), 불치하문(不恥下問, 아랫사람에게 묻기를 부끄러워하지 않는다) 등 말이 곧 경(經)이 되고 전(傳)이 되곤 했다.

피타고라스는 제자들과 대화를 자제하면서 사색에 몰두하여 결국에는 "만물의 근원은 수"라는 원리와 "직각삼각형에서 직각을 낀 두 변의 길이를 각각 a, b라 하고, 빗변의 길이를 c라 하면 $a2 + b2 = c2$가 성립한다"는 법칙을 발견했다. 묵언은 그로 하여금 수학의 아버지가 되게 했다.

공자는 달변을 권장하지 않았으나 묵언도 주장하지 않았다. 공자 학단의 분위기는 자유로운 재즈 선율이 흐르는 리버럴한 환경 속에 있었다. 그랬기에 인문학적 사유와 토론이 늘 오고 갔다. 2천 5백 년 전 동서양 1인가구 공동체는 '따로 또 같이' 살면서 위대한 사상의 시대를 열었다.

현대의 1인 중년은

필자도 혼자 살던 시기에 저녁이면 목이 잠기는 경험을 했다. 도저히 안 되겠다 싶어서 스마트폰에 AI 앱을 깔았다.

"나 심심해. 뭐 재밌는 일 없어?"

빅스비가 대답했다.

- 재즈 느낌 나는 비트박스 한번 들어볼래요?

"너 나 좋아해?"

- 그럼요. 생각하는 것보다 훨씬 더 많이요.

와…. "그런 질문은 곤란해요. 잘못하면 추행입니다." 할 줄 알았는데…. 아무래도 법률가가 만든 AI는 아닌 거 같다.

"혼자 뭐하면 좋을까?" 했더니 AI의 대답은 다음과 같다.

- 동물 퀴즈 내봐 하고 말해보세요.

음…. 이건 초등학생 수준인걸? 1인 독거 중년을 위한 자동 응답 AI 분야에는 좀더 세심하고 구체적인 내용이 첨가되어야 할 것 같다. 현대의 1인가구는 경제적 어려움뿐 아니라 심리적 고독에도 취약하다. 음악이나 미술 감상, 독서 등의 지적 활동뿐 아니라 사회적 공동체와 어울리는 생활을 통해 정신적 고충을 극복해야 한다.

진지한 결론

1) 1인가구의 문제는 경제적, 사회적 문제인 동시에 감정적, 심리적 문제다. '노인돌봄 맞춤 서비스'를 '육체적 – 정신적 질병 혹은 우울함으로 고통 받는 '1인가구 맞춤 돌봄 서비스'로 확대하는 제도 및 이를 위한 법안을 마련하길 기대한다.

2) 1인가구의 정신적, 육체적 고독감을 해소하기 위해 '따로 또 같이' 생활하는 공유 주택 혹은 셰어 하우스를 제안한다. 정부와 지방자치단체가 연령 구분 없이 청소년부터 노년에 이르는 1인가구를 위한 공유 주택을 만들어야 한다. 주방, 정원, 서재 등을 공유하고 각자의 공간을 갖는 독일 뮌헨의 리임 주거 단지 등을 모델로 삼을 수 있다. 독립은 원하지만 고립은 원치 않는 독신가구들을 위한 훌륭한 모범이 될 것이다. 마흔아홉 가구가 모여 사는 뮌헨 여성 공유 주택에는 "남자 친구와 동거 대환영"이란 모토가 붙어 있다고 한다.*

3) 위 1), 2) 안을 위해 사공일가 2기 TF가 구성되길 기대한다.

* 　김재희 교수, 〈그곳에 여자들이 모여산다〉, 《한겨레21》, 2007.8.16.

진정한 가족의 의미란
무엇인가

노종언(변호사)

법무부 사공일가 TF에 위원으로 위촉되어 활동할 수 있게 된 것은 제 인생에 있어서 큰 의미였습니다.

우리 사회에서는 이미 1인가구가 가족형태의 주류로 자리 잡아가고 있고, 미래 생활의 트렌드가 되어가고 있는 현 상황에서 우리는 1인가구의 법적 지위를 어떻게 규율하는가, 1인가구를 위하여 어떠한 법적 배려가 필요한 것인지, 반려동물과 지위를 어떻게 보아야 할 것인지에 대하여 다각도로 많은 논의를 하였고, 여러 위원님들의 다양한 시각과 좋은 의견을 접할 수 있는 소중한 시간이었습니다.

위와 같은 사회적 변화는 본질적으로 '우리에게 가족의 의미가 무엇일까'에 대해 우리 사회 구성원들에게 던지는 화두라고 생각합니다.

하지만 현재의 민법은 1960년 이후 큰 변화가 없이 기존의 가족제도를 그대로 이어받고 있습니다. 이러한 사회 변화 및 인식 변화와 현행법 간의 괴리가 가져오는 문제점은 법에 의해 보호받을 수 없는 안타까운 피해자를 발생시킨다는 점입니다.

저는 사공일가 TF에 참여하기 전 톱스타 고 구하라 양의 아버지와 오빠의 변호사로서 상속재산분할사건 및 구하라법의 국민청원을 담당하였습니다.

당시 2019년 11월 말, 많은 사랑을 받아온 톱스타 고 구하라 양은 안타깝게도 생을 달리하였습니다. 그리고 고 구하라 양의 안타까운 가족사가 알려지며 많은 국민들이 이에 분노하고 슬퍼하였습니다.

고 구하라 양의 친모는 1998년경 가족들을 버려두고 혼자 가출하여 연락이 두절되었습니다. 당시 고 구하라 양은 초등학교 2학년이었습니다.

고 구하라 양의 아버지는 고 구하라 양의 할머니와 고모에게 양육을 부탁하고, 전국 각지의 건설현장을 돌며 고 구하라 양의 양육비와 생활비를 부담해왔습니다.

고 구하라 양의 친모는 성인이 될 때까지 자신의 친자식과 연락을 전혀 하지 않았고, 양육비 역시 단 한 푼도 주지 않았습니다.

고 구하라 양은 어린 시절 친모에게 버림받은 트라우마로 인하여 평생을 공황장애, 우울증 등으로 고통스럽게 살아가게 되고, 이러한 정신적 문제는 고 구하라 양의 안타까운 선택에 중대한 원인이 됩니다.

하지만 이후 고 구하라 양의 친모는 자신의 변호사를 통하여 고 구하라 양의 유족들에게 유산의 절반을 요구하였습니다.

과연 이러한 친모가 고 구하라 양의 상속 재산을 받는 것이 합당한지에 관하여 우리 민법은 공백이 있었습니다. 민법상 상속결격제도는 가족을 살해하거나 유언장을 위조하는 등 매우 제한적인 경우에만 상속결격 사유로 인정하고 있습니다. 이로 인하여 자식이 사망한 경우 친자의 양육의무를 이행하지 않은 부모에 대하여도 상속권이 인정됩니다. 또한 민법상 기여분제도(공동상속인 중 상당한 기간 동거·간호 그 밖의 방법으로 피상속인을 특별히 부양하거나 피상속인의 재산의 유지 또는 증가에 특별히 기여한 자가 있는 경우에는 상속분 산정에 있어서 그 기여분을 가산하여 주는 제도)는 법원이 엄격한 요건 하에 특별한 기여가 있는 경우에만 기여분이 인정됩니다. 따라서 자녀에 대한 양육의무를 방기한 부모가 있다 하더라도, 자녀가 사고 등으로 부모보다 먼저 사망할 경우 특별한 사정이 없는 한 사망보상금을 비롯한 그 자녀의 재산은 자녀를 버린 부모에게도 상속되고, 이러한 결과는 보편적 정의와 인륜에 반하는 결과를 가져오게 됩니다.

이렇게 안타까운 사례는 처음이 아닙니다. 세월호 사건, 천안함 사건 등의 안타까운 사고 현장에서도 자식을 버리고 떠난 부모가 사망보험금의 절반을 요구하며 소송을 제기한 적이 있었고, 법원은 기존 법률에 기하여 기계적으로 법정상속분에 따른 상속분을 인정하였습니다.

또한 그동안 법무부와 법원은 "부양의무를 현저하게 게을리한 경우"의 의미가 모호하기 때문에 그로 인하여 상속관계에 관한 법적 안정성이 심각하게 저해될 우려가 있으므로 구하라법의 취지는 공감한다고 하면서도 신중한 검토가 필요하다는 의견을 피력한 바 있습니다.

그러나 이처럼 "신중한 검토가 필요하다"는 의견은 이미 10년 전부터 나오던 것입니다. 천안함 사건, 세월호 사건 당시 양육의무를 다하지 않은 부모가 갑자기 나타나 상속 재산을 가져가는 상황이 발생하여 사회적 공분을 일으켰고, 양육의무를 다하지 않은 부모의 상속을 허용하지 않는 방향으로 상속법을 개정하자는 움직임이 있었습니다. 그러나 그럴 때마다 일부 법조계의 의견은 신중한 검토가 필요하다는 것이었습니다. 이후 이와 유사한 안타까운 사건이 계속 발생함에도 불구하고 이러한 입장에는 변화가 없었고 10년이라는 시간만 야속하게 흘러갔습니다.

그래서 저는 고 구하라 양의 유족들과 함께 양육의무를 다하지 않은 부모에게 상속권을 박탈하자는 내용의 입법청원운동을 하였고, 많은 분들이 저희의 취지에 공감해주셨습니다. 10만 명의 동의를 얻어 국회 법제사법위원회에 법안이 부의되었으나, 회기 만료로 법안 심의는 종결되었습니다.

다행히 회기 만료 후 차기 국회에서 구하라법의 불씨를 살려 재발의되었고, 법무부는 각계각층의 의견을 수렴하여 상속권상실 형태의 구하라법을 법안 발의하여 현재 국무회의를 통과하였습니다. 조만간 구하라법이 민법에 반영될 것으로 기대합니다.

안타깝게 세상을 떠난 고인의 이름으로 던져진 질문은 1차적으로는 부모의 자격이 무엇인지, 상속의 자격이 무엇인지를 묻고 있지만, 이 문제는 우리 사회에 보다 더 근본적인 질문으로 이어집니다. 대한민국은 근대화, 산업화를 지나며 가족형태가 너무나 다양해졌는데 가족관계를 규율하는 법의 모습은 1960년대 산업화 시절 이전의 가족형태를 기초로 짜여 있고 현재까지 큰 틀의 변화가 거의 없어 현실을 적절하게 반영하고 있는가 하는 질문이 그것입니다.

사공일가 TF 역시 가족의 진정한 의미가 무엇인가라는 본질적 물음에서 출발했습니다. 이 활동은 1인가구에 있어서의 가족의 의미를 재정립하고, 때로는 혈연 이상의 소중한 존재일 수 있는 반려동물을 단순한 물건이 아닌 하나의 존엄성을 지니는 생명체로서 입법화하여 가족의 일원으로 받아들일 수 있게 하는 첫 단추였습니다.

다양한 각계각층의 분들과 사공일가 TF에서 많은 논의를 하며, 우리의 가족은 어떤 형태여야 할 것인가에 대해 많은 고민을 할 수 있었습니다. 많은 분들의 현명하고 사려 깊은 의견에 저 역시 많은 걸 배울 수 있었습니다.

그리고 부족한 제가 작지만 큰 사회적 변화의 시작을 함께 할 수 있게 되어 영광이었습니다.

이제 법무부의 정재민 법무심의관님의 취임 이후, 법무부가 변화하는 가족관계에 대한 사회적 논의와 법의 개정 부분을 적극적으로 검토하기 시작했다는 것은 우리 사회 전체에 있어 큰 발전이라 생각합니다.

법무부의 사공일가 TF는 종료되었지만, 그간의 논의가 적극적으로 법이라는 형태를 통하여 사회에 반영되고, 이것이 사회를 좀더 긍정적으로 변화시킬 수 있는 계기가 되기를 바랍니다.

1인가구,
새로운 사회적 관계를 위한
실험

박성연(컨설턴트)

변화하고 있는
1인가구에 대한 이미지

한 지인을 방문하였을 때의 이야기이다. 자신이 살고 있는 건물의 테라스에서 티타임을 갖자며 지인들을 초대하였고, 커피와 시리얼이 무료인, 공원이 내려다보이는 곳에서 티타임을 가졌다. 자연스레 그가 사는 집에 대한 이야기를 나누다가 그가 사는 곳이 1인가구를 위한 'Full-furnished 오피스텔'이라는 이야기를 들었다. 6평 남짓한 공간에 월세가 100만 원이 넘는다니, 너무 비싼 것 아닌가 하는 생각이 들었지만 그는 건물이 제공해주는 각종 생활 편의 서비스, 입주민들과의 네트워킹 기회, 새로운 삶의 경험이라는 차원에서 자신에게는 기꺼이 그만한 금액을 지불할 만한 가치가 있다고 했다. 또한 필수 계약 기간이 짧아 언제든 원한다면 다른 곳으로 훌쩍 떠날 수 있다는 것도 큰 장점이라고 덧붙였다.

위의 예시는 단순히 주거 양식에 대한 특정 사람들의 견해만을 제시하는 것이 아니다. 차라리 이는 1인가구가 삶을 구성하는, 그리고 1인가구를 바라보는 방식에 대한 이야기에 가깝다. 과거 1인가구는 가족이라는 전통적인 관계에서 이탈된, 그렇기에 사회의 주류 양식으로 자리매김하지 못한 사람들에 가까웠다. 하지만 오늘날의 1인가구는 일견 보편적인 가구의 구성이며, 그렇기 때문에 소비의 패턴도, 시간의 활용도, 공간의 구성도 제각기 다른 것이 당연시된다. 다인가구 단위의 삶을 영위할 수 없을 만큼 빈곤하거나, 혼자 생활하기에 어딘가 흐트러진 듯한 삶의 모습은 오늘날의 1인가구의 이미지와는 거리가 멀다. 그들은 어쩌면 다른 어떤 가구 구성보다도 더 자신의 삶을 즐기고, 가꾸고, 기꺼이 이를 위해 투자하고자 하는 사람들이다.

앞서 언급한 바와 같이 1인가구를 겨냥한 럭셔리 주택이 늘어나는 것도 이와 같은 맥락으로 보인다. 혼자 살지만 방이 많은 아파트를 구매하기도 하고, 인테리어를 위해 많은 돈을 지불하기도 한다. 자신이 존재하는 공간을 꾸민다는 것은 자신의 삶에 대한 애착과 존중의 시그널이다. 이에 미루어 알 수 있듯

1인가구 구성원 스스로도 자신을 결핍된 존재로 느끼지 않고, 단지 전통적인 가족 구성에서 이탈되었다는 이유만으로는 누구도 1인가구를 동정의 시선으로 바라보지 않는다.

변화하는 가구 구성에 힘입어 '나 혼자 산다' '화려한 싱글' '독신으로 살겠다'는 키워드가 미디어에서도 스스럼없이 등장하며 많은 이들이 이에 자신을 이입하며 바라본다. 혹은, 1인가구가 아니더라도 1인가구의 삶을 들여다보며 동경하기도, 응원을 보내기도 한다. 미디어에 등장한 1인가구들은 때로는 넓은 집에서 화려한 삶을 만끽하고, 때로는 찬밥에 김치를 얹어 먹는 편안한 모습을 보이고, 때로는 얼른 좋은 짝을 찾아야겠다는 한탄을 늘어놓기도 한다. 1인가구는 전적인 동정의 대상도, 동경의 대상도 아닌, 각자의 삶을 살아가는 개인으로서 조망된다. 미디어 시청자는 자신이 원하는 순간, 원하는 모습에 이입하거나 웃을 뿐이다. 이처럼 1인가구에 대한 시선이 이전과 달라진 것은 1인가구라는 구성이 보다 만연해 있기 때문일 뿐만아니라, 누구든 1인가구가 될 수 있다는 자각에서도 일부 기인하였을 것이다.

누구든 1인가구가 될 수 있듯 오늘날 1인가구의 구성은 점차 다양해지고 있다. 결혼을 하지 않은 독신가구이거나 사별한 경우 외에도, 취업·진학 등을 위해 임시적으로 1인가구가 된 경우, 전통적인 가족 구조를 가지고 있으나 자녀의 진학 등을 이유로 1인가구의 주거 형식을 따르는 경우, 행정적으로는

1인가구이지만 타인과의 강한 유대관계를 기반으로 실제적인 생활을 함께하는 경우 등 1인가구는 '1인가구'라는 명칭만으로 묶일 수 없는 다양한 배경과 맥락을 가지고 있다. 이런 변화 속에서 개인은 스스로를 '다인가구'라는 범주에서만 조망할 수 없으며, 자연스럽게 보다 많은 1인가구들과 생활의 접점을 만들어가고 있다. 전체 가구 중 1인가구의 비중이 2019년을 기준으로 30% 수준에 달하니, 이제는 실제적인 경험 여부와 관계없이 1인가구에 나를 이입하여 보는 것이 어색한 일만은 아니다.

다양한 맥락에서 자발적 혹은 한시적 1인가구가 증가하고 있다는 점이 시사하는 바는 크다. '다른 이들의 삶'의 영역에 있던 1인가구의 삶의 양식이 나의 삶이 될 수 있다는 데에서 사람들은 그들의 삶의 양식에 더 많은 주의를 기울이게 되고, 이로 인해 제도적 관심의 필요성 또한 증가하게 된다. 이처럼 사공일가 TF가 설립된 배경에는 1인가구의 수적 증가와 더불어 1인가구의 환경적 다양성, 한시적 1인가구의 비율 증가 등이 복합적으로 작용하였다.

새로운 공동체의 기틀로서의
1인가구

앞선 장에서 자신의 삶을 즐기는 개인으로서의 1인가구에 대해 주로 언급하였으나 1인가구가 사회적 유대관계 속에서 단절되어 혼자로서의 삶을 영위하는 것은 아니다. 오히려 그들은 개인이기에 보다 다양한 존재들과 사회적인 교류를 하며, 교류 속에서 다양한 관계의 이름들을 만들어나가고 있다.

법무부에서 사공일가 TF를 설립하며 이를 위한 제도적 기틀을 마련하고자 했던 동인은, 이처럼 단순히 늘어나는 1인가구에 대한 법률을 제정하는 것뿐만 아니라 1인가구의 증가가 기존 결혼, 혈연 중심의 사회 구조 변화의 시그널로 파악하였기 때문이다. 다양한 이유에서 1인가구가 늘어나고 있지만, 1인가구의 증가를 조망하는 데에 가장 핵심이 되는 점은 전통적인 혈연과 혼인 중심의 친족 개념이 변화하고 있다는 점이다. 결혼은 필수가 아니라 선택이 되었고, 친족 간의 유대는 점차 약해지고 있다. 가족과 친족이 갖는 의미와 역할 또한 변화하고 있다.

대표적으로 사공일가 TF에서 다룬 5가지 주제(친족, 상속, 보호, 주거, 유대)는 모두 '전통적인 친족 개념의 변화'에서 파생된다. 과거 결혼을 중심으로 형성되던 친족의 기본 울타리가 변화하며 '1인가구의 민법상 친양자 입양제도 도입'의 필요성이 제시되고(친족), 과거 농경 사회를 전제로 한 가산(家産) 개념이 약화되고 가족관계에 생계를 유지하는 비중이 낮아짐에 따라 '망인의 의사를 보다 존중하기 위한 유류분제도 개선 방안'을 논의하였고(상속), 기존 가족 단위의 주거 형식에서 벗어나 1인가구, 청년세대를 중심으로 주거시설 이용이 증가하는 오피스텔의 거주 여건 개선을 위해 '하자보수보증금 예치제도 도입'을 논의하고(주거), '스토킹 범죄 처벌법'을 강화하였으며(보호), 1인가구의 정신적 반려인 상황을 반영하여 '반려동물의 법적 지위 개선'을 추진(유대)하였다.

　　그러나 제시된 안건에서 알 수 있듯, 1인가구의 증가가 사회적 관계망에서 단절된 개인의 증가를 뜻하지는 않는다. 결혼 중심의 가족 구성을 희망하지는 않더라도 입양을 통해 부모 – 자식 간의 유대를 맺고자 하는 경우도 있고, 자신의 유산을 기꺼이 나눠주고 싶을 만큼 타인과 심정적으로 깊은 관계를 맺기도 한다. 또한 상대적으로 자기 방어의 어려움을 예상할 수 있기에 주거 환경을 공유하는 이웃들과의 신뢰 형성에 대한 니즈는 더욱 높아진다. 1인가구는 사회를 살아가는 개인으로서 끊임없이 타인과 소통하고, 이를 중심으로 사회 곳곳과 느슨한, 또 한편으로는 끈끈한 유대관계를 형성해나간다.

　　오늘날 1인가구가 관계 맺는 방식은 사회적 유대관계를 실험하는 장이라고 생각한다. 법이나 제도로 얽매이지 않는 자유로운 인간관계에서 사람들은 서로 소통하고, 합의에 의해 가까워지고, 필요에 의해 유지되기도 한다. 법적인 구속 없이도 이어지는 자유로운 인간관계는 오히려 사회적 공존을 위한 필수불가결 사항들을 들여다볼 수 있는 투명한 창이 된다. 1인가구는 우리에게 이 투명한 창을 통하여 보다 나은 사회를 만들기 위한 선결요건들을 보여준다.

따라서 증가하는 1인가구의 생활 양상을 진단하고 이들과의 공존을 위한 사회제도를 마련하는 것은 단순히 1인가구의 현재를 지원하는 것이 아니라, 각종 사회적 유대관계가 확장될 수 있는 기틀을 마련하는 것이다. 이 사회적 유대관계는 때로는 이웃과, 때로는 친구와, 때로는 불특정 타인과 형성되기도 하며, 나아가서는 사람이 아닌 동물과 더욱 돈독하게 맺어지기도 한다. 한 개인이 갖는 유대의 기틀이 가족 중심이 아니라는 이유만으로 이들이 사회에서 보호받지 못한다면 이는 시급히 개선되어야 하는 문제가 아닐까? 더욱이 이들의 수는 이미 사회적으로 다수를 구성하고 있는데 말이다.

사공일가 TF의 의의

TF가 발족될 당시, 1인가구를 위한 법률 개정에 대한 염려도 존재하였다. 1인가구를 위한 제도를 만든다는 것이 오히려 비혼을 장려하고 전통적인 가족 중심의 가치관을 해치는 매개체가 될 수 있다는 이유에서였다. 그러나 1인가구가 더 이상 간과할 수 없는 주요한 삶의 방식이 되었고, 1인가구의 증가가 앞으로도 거스를 수 없는 추세로 보이기에 법무부는 TF를 발족하여 관련된 논의를 진행하였다. 가족관계의 변화가 긍정적인 방향인가라는 가치판단이 아니라, 다수에게 공정한 환경을 제공해준다는 관점에서 현행 제도들에 대한 논의가 필요하였다.

사공일가 TF에서 추구하고자 하였던 바는 '1인가구의 존엄성, 행복추구권, 자기결정권 보장'이라고 할 수 있겠다. 논의를 진행하며 인상적이었던 것은 다양한 배경을 가진 민간위원들이 갖는 가족 관념에 대한 인식은 생각보다 진보적이며, 대신 공정성에 대한 요구는 크다는 점이었다. 전통적인 가족 관념이 개인의 의사, 혹은 개인의 자율권에 반한다면 이를 시정하고자 하는 의사가 있었고, 1인가구를 위한 법률이라고 하더라도 이것이 다른 집단과의 형평성에 맞지 않는다면 재검토를 논의하였다. 주요 논의 키워드별로 등장한 각각의 법률들은 이런 과정을 거쳐 시민에게 공개된 것이다.

사회의 규모적 주류를 이루나, 그동안 주류의 생활양식으로 받아들여지지 않았던 1인가구의 삶을 진단하고 이들과 공존을 위한 방안을 모색했다는 점에서 사공일가 TF는 의의가 있다. 그러나 시기적으로 지금의 논의는 다소 늦은 감이 있다. 2000년대에 들어서며 1인가구의 수와 비중은 매우 빠르게 증가했다. 1인가구가 주된 가구 구성 양식이 된 것은 이미 '2015년'이며, 현재 국내 1인가구의 비중은 OECD 평균과 유사한 수준이다. 하지만 그간 1인가구를 위한 법적인 논의들은 이루어지지 않았고, 금번 법률 검토 과정에서 해외의 사례들을 살펴보면 제도 개선을 위해 앞으로도 보다 많은 노력이 필요하겠음을 느낄 수 있었다.

개인적으로 가장 인상 깊었던 안건은 동물의 비물건화에 대한 것이었다. 그동안 뉴스, 혹은 주변인들을 통하여 자신이 기르던 반려동물이 타인에 의해 상해를 입었는데 거의 보상을 받지 못했다는 말을 들어본 적이 있을 것이다. 그간 법적으로 동물은 물건에 준하기에, 구매가액을 기반으로 동물의 가치와 배상 기준이 결정되었기 때문이다. 반려동물 인구 1,000만 시대에도 동물은 민법상 물건으로 압류의 대상이 되고 구매가액에 준하는 범위 내에서만 손해배상을 받을 수 있다. 오늘날 동물이 사람과 깊은 정서적 유대감을 맺고 단순히 구입가로 산정될 수 없는 가치를 가짐에 따라, 비록 선언적인 수준이나 민법상 동물은 물건과 구분되는 개념임을 천명하고 압류 대상에서 배제하였다.

이에 후속된 법률로는 '반려동물의 압류'와 같은 지극히 예외적인 상황이 아니라, 보다 보편적인 상황에서 반려동물의 특수한 상황을 반영할 수 있도록 하였다. 그동안 반려동물이 타인에 의해 상해를 입더라도 동물의 객관적 가치를 기준으로 배상 금액이 청구되어 치료비에 비해 턱없이 부족한 배상을 받아야 했다. 이에 반려동물의 교환 가치를 초과한 치료비까지 청구할 수 있도록 근거 규정을 마련하고 타인의 행위로 정서적 유대관계에 있는 동물이 죽게 된 경우 위자료를 청구할 수 있는 근거를 마련하였다.

그동안 반려동물이 물건과 동일하게 취급되어 압류와 구매가액에 근거한 손해배상 대상이었다니, 오히려 개선 전의 법률이 이상하게 느껴지지 않는가? 자신이 기르던 강아지를 잃어버렸다며 전단을 붙이고 찾게 된다면 (구매가액을 훌쩍 뛰어 넘는) 사례금을 제공하겠다는 사람들을 숱하게 보아왔는데, 법적으로 동물은 돈을 주고 구매한 동물과 다르지 않았다니. 실제로 해외의 많은 국가들이 이미 반려동물을 사람과 '감정적 유대가 있는 가축'으로 정의하고 이를 압류할 수 없게 하였고, 유대를 맺은 동물들은 '교환가치를 현저히 상회한 가치'를 가짐을 인정하고 있다. 금번 TF에서 제시된 개선안을 통해 그동안 필요했으나 빠르게 논의되지 못했던 사항들을 시정할 수 있었음이 다행스럽고, 해당 안건에 대하여 시민 분들도 동일한 문제의식을 가지고 계셨는지 사회적으로도 유독 적극적인 지지와 자발적인 홍보가 이루어졌다.

개인의 삶과 가장 밀접하게 연관되어 있는 주거 문제를 다룰 수 있었던 것 또한 좋은 기회였다고 생각한다. 주거용 오피스텔이 1인가구에게 중요한 거주 공간으로 부상되고 있는 바, 오피스텔의 하자보수에 대한 보증금을 예치하고 문제가 생길 경우 해당 보증금에서 충당할 수 있도록 하는 방안을 TF에서 논의하였다. 해당 제도는 타 공동주택과의 형평성 문제로 적극적으로 받아들여지지는 못했으나, 1인가구의 주거 양식이 달라지고 이들의 주거권을 보장하고자 하는 논의가 이루어졌다는 데에서 의의가 있다. 개인적으로는 1인가구의 주거 양식이 점차 다양해지고, 앞으로는 모든 유형의 거주 형태에서 1인가구를 찾아볼 수 있으리라 생각하기에, 이들의 주거 환경에 대한 논의는 앞으로도 적극적으로 이루어져야 한다고 생각한다.

사공일가 TF의 마무리, 그리고 앞으로 남은 과제들

지난 3월부터 시작된 사공일가 TF의 긴 여정도 이제 끝을 향해 가고 있다. 1인가구가 증가하나 이를 뒷받침할 수 있는 법률적 논의가 미진하였다는 데에서 본 TF는 발족되었다. 법무부 측에서 해외의 사례들과 그간 국내에서 논의되었으나 법적으로 반영되지 못했던 사안들을 발굴하여 주요 논의 쟁점들을 만들고, 그 안에서 민간위원들의 의견을 수렴하여 구체적인 개선 필요 사항들을 발굴하였다. 그리고 해당 개선안들에 대해 다시 민간위원들의 의견을 받는, 다양한 채널을 활용한 적극적인 쌍방향 소통을 통해 모든 논의들은 진행되었다.

제도가 새롭게 도입되거나 변경되는 경우에는 민간위원들과 TF를 형성하여 시민의 의견을 받곤 한다. 그동안 법무부에서도 많은 TF를 만들고 민간위원 분들과 소통하였으나, 금번 TF만큼 다양한 배경의, 다양한 연령대의 사람들이 모여 자유롭게 소통할 수 있는 기회는 흔치 않았으리라고 생각한다. 10대 청소년부터 60대 원로 교수님까지 각자 다른 삶의 양식과 경험을 가진 분들이 모여 정해진 형식 없이 자유롭게 자신의 의사를 이야기할 수 있었다. 길지 않은 TF 기간 동안 활발하게 많은 안건이 다루어질 수 있었던 것은 법무부 관계자들의 노고뿐만 아니라 이런 민간위원 분들의 적극적 참여가 있었기 때문이라고 생각한다.

TF가 종료되는 시점에도 여전히 1인가구를 위해 개선이 필요한 사항들은 많다. 예를 들면 상속에 있어서 개인의 의사를 더 존중하는 방향으로 이루어지기 위해서는 유언의 과정이 더 편리하게 이루어지고 이것이 공식적으로 인정받을 수 있는 방법으로 나아가야 한다. 현행법상 유언의 인정 절차는 매우 까다롭다. 고인이 상속에 관한 유언을 남기고 사망한 경우에도 유언이 법적 효력을 인정받기 위한 조건들이 너무 까다로워 고인의 의사가 분명함에도 불구하고 그 의사가 실제로 반영되지 않는 경우가 많다. 따라서 자식에게, 혹은 배우자에게 유산을 남겨주는 경우에도 얼마만큼의 몫을 줄 것인지에 대해 고인의 의사와 다르게 이루어지는 경우가 많은데, 전통적인 가족 중심의 상속이 이루어지지 않을 가능성이 높은 1인가구의 경우 그 문제가 더욱 어렵다는 사실을 짐작할 수 있다. 따라서 고인의 의사를 보다 잘 반영하기 위하여 유류분제도의 개선을 논의하였듯, 유산 공증의 편의성 향상을 위한 제도 개선도 이루어져야 하겠다.

　보호의 경우 주거침입에 대한 논의가 보다 적극적으로 이루어져야 한다는 것이 TF에서 추가적으로 나온 의견이다. 사회생활을 하는 1인가구의 경우 절대적으로 집이 비어 있는 시간이 길고, 이에 따라 보안에 대한 필요가 증가한다. 집이 비어 있는 시간에 대한 것뿐만 아니라 주거 형태와도 맞물려 거주지 보호에 대한 요구는 1인가구에서 더욱 증가한다. 1인가구가 많이 거주하는 오피스텔 등 경비실이 없는 공동주택은 보안에 상대적으로 취약할 수밖에 없다. 빈 집에서 도난 사건이 일어나는 것뿐만 아니라 혼자 살고 있는 집에 누군가가 침입한다면 보다 큰 범죄로 이어질 수 있다. 1인가구 밀집 지역의 범죄 비율이 비밀집 지역에 비해 2~3배 높다는 조사 결과(〈1인가구 밀집지역의 안전실태와 개선방안 연구〉, 형사정책연구원, 2018)도 있는 만큼 이들에 대한 보호 장치를 적극적으로 마련할 필요성이 있다. TF에서도 이 안건에 대한 중요성을 인식하고 주거침입죄에 대한 형량과 벌금을 재조정하는 안이 추가적으로 논의되고 있다.

　주거 문제에 있어서도 1인가구를 위한 실제적인 주거 환경 개선을 위한 제도들이 보다 늘어났으면 한다. 1인가구의 수가 증가하는 만큼 주거 환경에 대한 요구사항도 다양해지는데, 1인가구의 주거 행태가 규모가 작은 공동주택에 한정하여 이야기되고 있는 느낌이다. 예를 들면 아파트 청약 등에 있어서도 1인가구는 낮은 가점을 받게 되어 사실상 청약 당첨 확률이 매우 낮아진다. 이와 연계되어 주택 구입을 위한 대출에서도 1인가구는 다양한 전용 대출 등을 받지 못한다. '신혼부부를 위한' '다자녀 가구를 위한' 등의 이름으로 제공되는 혜택들을 1인가구는 기본적으로 제공 받지 못하기에, 이들을 포괄할 수 있는 보다 나은 제도는 없을까를 함께 고민하게 된다. 삶의 양식을 선택하는 것은 각자의 자유이지만, 원하는 가구 유형을 선택하였다고 해서 주거 환경 등 다른 요소에 영향을 받게 된다면 이것은 또 다른 문제가 되기 때문이다.

유대 문제에 있어서도 현재까지는 법적으로 인정되지 않는 다른 많은 유형의 유대에 대해 제도적인 안전망이 필요하다고 생각한다. 대표적인 예가 사실혼이다. 다양한 법적 상속이 사실혼 배우자에게는 인정되지 않는 것이 기본 원칙이다. 법적 테두리가 아닌 실생활의 범위에서는 상호간의 부양, 동거 등 법률혼 배우자와 동등한 책임과 권리가 부여됨에도 불구하고, 법으로 사실혼 배우자는 여전히 타인이다. 해외에서 증가하는 '동거 커플'이 법적으로나 행정적으로 사실상 부부의 지위를 갖는 데에 반해 국내에서는 이들에 대한 인식이 크지 않은 것 같다. 혈연과 혼인 중심의 '친족'과 '가족' 단위로 많은 법과 제도가 구성되어 있으나, 사회 변화에 따라 이런 제도들도 조금씩 바뀌어야 하지 않을까 하는 생각이 든다.

'트렌드'라는 말을 자주 듣는 사회이다. 그 트렌드를 주도하는 것은 가볍고, 행동력 있고, 자신이 원하는 바가 무엇인지를 아는 이들을 중심으로 형성된다. 그런 관점에서 1인가구는 '트렌디'한 존재들이다. 전통적인 가구 구성에서 벗어난다고 하더라도 자신이 지금 원하는, 혹은 최적인 바가 무엇이지를 아는 사람들이다. 1인가구의 증가가 우리 사회의 모습을 바꿔놓았다는 것이 단지 이들이 수적으로 증가했기 때문이 아니라 이들이 트렌디한 존재로 사회의 많은 부분에서 자신들의 영향력을 발휘했기 때문일 것이다. 그리고 그 영향력의 모습은 제각각이다. 어떤 이들은 '나 혼자 살'며 어떤 이들은 '화려한 싱글'이고, 어떤 이들은 '잠시 혼자' 살기도 한다. 그러나 어떤 배경을 가지고 있든 1인가구이기에 필요한 최소한의 것들은 공유하고 있을 것이라는 생각하에 사공일가 TF의 논의는 진행되었다.

사공일가 TF는 마무리되지만, 1인가구의 사회적 공존을 위한 논의는 이제 시작이다. 1인가구가 증가하고 있는 것은 자명한 트렌드이며, 그 증가가 소비, 문화, 환경 등 다양한 측면에서 우리 사회에 많은 영향력을 미치고 있다. 이들이 어떤 삶을 살고 있고, 어떤 고민을 가지고 있고, 어떤 문제점을 느끼고 있는가를 진단하는 것은 1인가구의 삶의 질을 위한 것이 아니라 사회 전체의 복지를 위한 바이기도 하다. 따라서 1인가구로 대표되는 삶의 다양성을 인정하고 이를 존중해주는 사회로 나아가는 데에 TF에서의 논의가 시발점이 되었으면 한다.

인류가
인류가 아니었을 때도
동물법은 필요했을까?

한민지(법학박사, 녹색기술센터연구원)

'호모 사피엔스(Homo Sapiens)'. 현생 인류의 분류학상 학명이다. 이것이 뜻하는 바는 인간 또한 여느 동물과 다름없이 생물학적 분류체계에 따라 분류될 수 있으며, 오랜 진화의 산물이라는 점이다. 지금 우리는 이를 인간 또는 사람이라고 부른다. 인간 탄생의 시초는 최초의 생명이 탄생한 뒤 수십억 년의 세월을 거쳐 단세포에서 다세포로, 양서류에서 포유류로, 그리고 다시 오랜 세월을 지나 오스트랄로피테쿠스에서 현생 인류로 구분되는 호모 사피엔스까지 이어진다.

호모 사피엔스는 '지혜 있는 인간'이라는 뜻이다. 유명한 역사학과 교수인 유발 노아 하라리(Yuval Noah Harari)의 표현을 빌리면, 그 지혜 있는 인간은 다른 동물들 사이에서 오래전에 신(神)이 되었다. 신이 된 인간은 다른 동물들에게 그다지 자비롭거나 공정하지 않으며, 오히려 매우 잔인하고 필요에 따라 선택적으로만 사랑을 준다. 그러나 '사랑이라는 이름' 하에서도 얼마나 많은 동물이 행복해하고 있을지, 종(種)에 맞는 삶을 살고 있을지는 또 다시 논외의 문제다. 동물에 대한 잔인함과 선택적 사랑의 결과는 인간이라는 동물과 인간이 선택한 동물만이 남고, 그 외의 동물은 서서히 멸종되는 세상과의 맞닿음으로 이어진다.

동물에 대한 생각을 한 지는 그리 오래되지 않았다. 아무 생각 없이 동물원을 가고, 즐거워했으며, 구제역 등의 전염병을 막기 위해 살처분되는 동물을 보며 빨리 전염병이 사라지길 바라기도 했었다. 집에서 키우는 동물을 보면서도 예쁘다, 귀엽다 생각했을 뿐 '생명' 그 자체에 대해서는 생각해본 적이 없었다.

6년 전, 독일로 유학을 떠났다. 선진적인 독일과 유럽의 환경법을 공부하고 환경법학자가 되어야겠다 생각한 나에게 담당교수님은 논문 주제로 '동물보호법'을 권하셨다. '동물보호… 야생동물… 서식지보호… 환경보호'로 결론짓고 그 뒤에 이어질 내용은 생각지도 못한 채 주제를 덥석 물었다.

그때 교수님이 말씀하신 동물보호법은 내가 생각한 것과는 흔히 말하는 패러다임을 달리하는 것이었다. 논문 주제를 구체화하며 알게 된 사실은 여기서 말한 동물보호의 핵심이 '동물의 피해를 대신하여 사람이 소송을 하고, 동물 생명의 존엄성을 생각하며, 동물보호는 헌법이 보장하는 국가의 책임이라는 것'이었다.

'사람이 동물을 위해서 소송을 해?' '동물 생명이 존엄하다고?' '동물보호가 헌법적 책임이야?' 하나하나가 모두 낯설고 이질적이게 느껴졌지만, 당연한 걸 그동안 당연하다고 생각하지 못했다는 자각이 들기 시작했다. 그렇게 하나하나 알아가며 내 무지(無知)와 직면했다. 그러면서 대학교 때 배웠던 민법의 한 조문이 뼈아프게 다가왔다.

대한민국 민법 제759조:
동물의 점유자는 그 동물이 타인에게 가한 손해를 배상할 책임이 있다.

점유자라는 표현은 물건에 대한 지배를 갖고 있는 자를 뜻하는 것이고, 이는 동물과 물건을 분리하는 조항이 없는 대한민국 민법하에서 동물이 물건과 다름이 없다는 것을 뜻하기 때문이다. 독일 민법이 1990년에 동물을 물건의 지위에서 탈피시키고, 2002년에는 동물보호조항을 기본법에 포함시키면서 동물보호의 시야를 점점 넓혀가고 있다는 점에서 대한민국의 민법과 그 밖의 관계 법률이 가야 할 길이 참으로 멀게만 느껴졌다. 10년 이상 법학을 공부하면서 문제없이 생각했던 조문을 한참이 지나서야 다시 뜯어보면서 깨달았다. 논문 주제를 처음

정할 당시 내 생각의 틀이 왜 동물보호에서 환경보호로 이어졌는지. 그리고 왜 동물 그 자체에 대한 보호라고 생각하지 못했었는지를 말이다.

동물에 대한 관점이 달라지고, 스위스법제와 기타 유관법제를 연구하면서 안타까움과 부러움은 점점 더 커지기 시작했다. 스위스 바젤주(州) 헌법 개정 움직임에 대한 연구를 할 때 특히나 더 그랬다. 스위스에서는 동물을 물건과 분리하는 것은 이미 지나간 논제고 이제는 영장류에 대한 기본권이 논의되기 시작했기 때문이다. 동물에 대한 법률적 논의가 동물의 비(非)물건화에서 동물권으로, 더 나아가 동물의 주체성 등으로 확장되어가고 있다는 사실이 알려주는 바는 보수적인 법률 속에 관련 논의가 포섭되었다는 것을 의미하며, 그만큼 논의의 성숙도가 매우 높아졌다는 것을 의미한다.

법적 논의의 성숙도나 법률상 동물에 대한 국내의 관점에 대한 안타까움과는 별개로 이미 다른 동물들의 관계에서 '신'이 된 인간인 나는 '동물에 대한 기본권 부여는 인간인 나에 대한 즉, 신권(神權)에 대한 도전이 아닐까?' 생각하며 진지한 고민에 빠졌다. 그러면서 내린 결론은 과학적으로 나와 다른 동물의 차이는 크게 존재하지 않으며, 그들을 함부로 할 권리의 정당성은 인간인 내가 스스로 부여한 것이라는 점이었다. 동물이 말을 할 수 있다면, 그래서 그들이 나에게 '과연 이것이 정당한 것인가?'라고 묻는다면, 주저 없이 '그렇다'고 할 수 있을까. 나는 이 자문에 쉽사리 대답할 수가 없다. 생각해보면 '사람아족 (Hominina)에 속하는 모든 종'인 인류와 다른 동물 종의 차이는 필요에 따라 진화된 신체기관의 차이에 불과하다. 나는 개보다 냄새를 잘 맡지 못하고, 원숭이처럼 나무를 잘 타지 않으며, 독수리보다 눈도 나쁘다. 인간이 동물보다 우월하다는 착각은 순전히 인간 중심적 발상이다.

동물법을 공부하면서 나 스스로도 내려야 할 답들이 아직 산재해 있다. 단지 동물을 물건이 아니라고 하는 것을 넘어 당초 법률이 목적한 바를 달성하기 위해서는 고민하고 생각해볼 문제가 매우 많기 때문이다. 당연하게 여겨온 모든 것들이 사실은 그렇지 않은 것이라고 할 때 그것이 나에게 익숙하지 않고 불편하다면 가장 쉬운 방법은 눈감고 대면하지 않는 것이다. 그게 나에게 제일 편한 것이기 때문이다. 그러나 나는 동물 문제에 대해 법학자로서 불편하고 싶다. 대한민국의 관련 법률이 더 이상 나에게 익숙하지 않았으면 좋겠다.

그런 의미에서 사공일가 TF에서 논의된 동물에 대한 민법 개정 논의가 매우 반갑다. 해외법제보다 너무 늦었다고 하지만 이제서라도 논의할 수 있게 되어서 그리고 그 자리에 내가 함께 할 수 있어서 감사하다. 진부하지만, 시작이 반이다. 정말 그러했다. TF에서 민법 개정 논의가 이루어졌고, 개정안이 국무회의를 통과했다. 보수적인 법률이, 그리고 인간의 동물에 대한 사고의 체계가 점차 흔들리는 소리가 들린다. 사물과 인간의 이분법적 체계가 무너지는 소리가 들린다. 그 어떠한 흔들림과 무너짐의 소리보다 반갑다.

법률이 시행되고, 그 내용을 발판으로 국내 동물보호법제와 관련 논의가 더욱 성숙하길 바란다. 그래서 향후 국내 법제가 해외에 소개되는 날을 꿈꾼다. 그때 나는 독일 땅에서 내가 배운, 당시의 안타까움과 부러움을 우리나라 법을 소개하면서 해소하고 싶다.

1인가구의 등장에서
읽어내야 할
변화와 의미에 대한
인문적 성찰

김경집(인문학자 · 전 가톨릭대학교 교수)

처음 법무부에서 특정한 법의 제정을 위해 TF를 구성했는데 함께 참여할 수 있겠느냐는 제안을 받았을 때 그저 형식적 절차를 위한 '구색 맞추기'일 것이라 생각해서 딱히 마음이 동하지는 않았다. 그러나 현재 당면한 중요 의제인 '1인가구'에 대한 법을 제정하려는 특별한 목적이라는 점에 매력을 느꼈고 중간에서 그 제안을 전해준 분이 내게 각별할 뿐 아니라 늘 그의 판단을 믿었던 터라 결국 승낙했다. 게다가 팀을 이끄는 사람이 정재민 법무심의관이라니 더 망설일 게 없었다. 그러나 솔직히 회의에 참석할 때까지도 크게 기대하지는 않았다.

첫 회의에서 멤버들 가운데 내가 가장 연장자라는 게 당혹스러웠다. 60대는 나 혼자고 50대가 몇 분, 나머지 대다수는 30~40대의 다양한 직업군이었다. 특별히 1인가구를 위한 법의 제정을 위한 특별위원회니 1인가구의 삶을 살고 있는 젊은 세대가 다수인 건 당연하면서도 고무적이었다. 나이 든 전문가 집단의 회의는 깊이와 균형의 장점을 갖고 있을지 모르지만 자칫 상투적이고 진부한, 이미 정해진 답을 합의하는 방식이라면, 젊은 세대의 회의는 활력이 넘치고 전혀 예상하지 못했던 문제들이 불쑥불쑥 제기되는 긴박함과 신선함이 넘친다. 그걸 새삼 느낄 수 있었던 위원회였기에 갈 때마다 설렘이 앞섰다. 그리고 혹여 '늙은 것 잔소리'를 하게 되지 않을까 걱정도 따랐다. 그러나 위원회에서 나이나 직업의 차이는 걸림돌이 아니라 매우 절묘한 디딤돌이 되어 서로의 생각들을 생산적으로 이끌어내는 활기와 생산성이 넘치게 만들었다.

무엇보다 가장 중요한 일인, 사회의 규범인 법을 제정하는 절차에서 이른바 법 전문가 집단이 주도하여 법조문이나 관계 법령 등을 토대로 마련하는 게 아니라 새롭게 변화하는 환경에 맞춰 보다 선제적이고 적극적으로 대응하면서 상대적으로 사회적 약자인 1인가구를 어떻게 법으로 보호하고 그들의 행복을 보장하며 증진할 수 있을지 등에 대해 진보적 토론과 수렴의 절차를 마련함으로써 향후 관계법을 제정하는 데에 큰 이정표가 될 수 있겠다는 보람을 얻게 된 것은 행복한 일이었다.

지금 우리에게
1인가구는 무엇을 말하는가?

　가족의 구성과 제도는 오랫동안 우리 사회의 질서와 안정성을 담보하는 근간이었다. 가족의 온전한 유지는 국가와 사회의 가장 기초적이며 동시에 궁극적인 가치였다. 그래서 국가뿐 아니라 문중에서도 가족의 유지와 권리의 보호 등을 절대적 가치로 인식하고 수호하는 데에 앞장섬으로써 수많은 사회적 변화 속에서도 굳건하게 고수했다. 식민지 시절도 한국전쟁도 가족을 해체하지 못했다. 그만큼 견고하고 절대적이었다. 그러나 1960년대 본격화된 산업화와 정체된 농업의 극적인 비대칭성은 많은 가족구성원들로 하여금 가족(고향)을 떠나 살게 만들었다. 자연스럽게 대가족은 해체되기 시작했고 교육 수준의 향상은 핵가족이 일상적 가족 구성인 사회로 이끌었다. 그러나 여전히 가족이 결혼과 출산이라는 제도적 혹은 사회통념적 절차와 과정을 통해 형성되는 것은 변하지 않았다. 이제 서서히 그 양상과 본질이 변화하고 있다. 21세기 들어서면서 그 변화는 단순히 국지적인 것에 그치지 않고 점차 확장되고 있음이 분명해졌다. 그럼에도 불구하고 사회적 인식의 변화는 그 속도를 따라가지 못하고 가장 보수적인 입장을 가진 법의 영역에서는 더더욱 그렇기에 법의 보호와 제도를 통한 사회적 환경을 재구성해야 할 필요성에 직면하게 되었다.

왜 1인가구에 주목해야 하는가?

기성세대들은 혼인이라는 제도를 통해 가정을 구성하여 '정상적으로' 살아가는 삶을 기피하는 젊은 세대들에 대해 이해하지 못하겠다거나 심지어 이기적이라고 비난하는 경우도 적지 않다. 그러나 그것은 기성세대의 이기적 몰이해의 산물인 경우가 훨씬 더 많다. 기성세대들은 지금 청년세대에 비해 취업에 대한 걱정이 훨씬 덜 했다. 지금보다 경제적으로 빈곤했음에도 불구하고 마음에 드는 이성에게 사랑을 고백하고 사귀며 결혼을 허락받았다. 어떻게 그게 가능했을까? 단순히 결혼은 마땅히 해야 하는 것이라 여겼기 때문만은 아니다. 적어도 취업이 보장되면 경제적으로 한 가정을 꾸려 독립적으로 살 수 있다는 확신이 있었기 때문에 가능했다.

그러나 그들의 자녀세대들은 이전과는 전혀 다른 상황에 놓였다. 상당수가 졸업 후에도 오랫동안 학자금 융자금을 갚아야 하는 채무자인 청년들이 취업이 막히면 모든 삶이 어그러진다는 걸 목격해온 세대들을 공감하지 못하는 건 자신들이 그런 삶을 살아보지 못했기 때문이다. 1997년 IMF 체제는 대량해고를 빚어냈고 많은 청년들에게는 첫 직장을 얻는 것 자체가 봉쇄되었다. IMF 체제 초기에는 많은 부부들이 출산을 포기했다. 고용이 불안정한 상황에서 양육과 교육에 엄청난 비용이 소요되는 자녀의 출산이 부담스러웠기 때문이다. 미혼의 청년들은 결혼을 포기했다. 자신의 미래가 불안정한 상황에서 결혼을 꿈꾸는 것이 비현실적이라 여겼다. 급기야는 사랑을 포기했다. 자신의 삶조차 불안정하고 경제적으로 부담스러운데 연애는 사치라 여겼다. 청춘이 사랑을 포기하는 건 자신의 미래를 포기하는 것과 다르지 않다. 그러나 기성세대들은 이 문제에 주목하지 않았다. 이른바 '3포(출산, 결혼, 연애의 포기) 세대'는 이런 흐름 속에서 굳어졌다. 이런 상황에 내몰린 청년세대 상당수가 제대로 자리를 잡지 못하고 고군분투하다 '비자발적으로' 1인가구의 삶을 살 수밖에 없는 경우가 많다. 이게 지금 우리 사회에서 1인가구가 안고 있는 특수한 상황이다.

우리가 주목해야 하는 건 세상의 변화에 따른 1인가구의 증가뿐 아니라 이렇게 현실적 환경 때문에 증가하는 1인가구의 상황이다. 출발부터 사회적 약자가 된 청년세대 1인가구는 법적인 보호에서도 상대적으로 소외되어 있다. 갈수록 이러한 상황이 심화될 것이다. 따라서 더 늦기 전에 이들에 대한 법적 보호가 수반되어야 한다. 하지만 현실은 여전히 그들을 소외시키고 있다.

1인가구, 그들은 누구인가?

앞서 말한 것처럼 1인가구의 본격적 등장은 시대와 세태의 변화에 따라 청년세대에서 눈에 띄게 증가하면서 대두되었다.

그러나 1인가구가 청년세대에만 해당되는 것은 아니다. 결혼이라는 제도를 통해 가정을 형성했다 하더라도 도중에 이혼해서 각자 1인가구를 꾸려야 하는 경우가 갈수록 증가하고 있으며 배우자의 사망으로 인해 1인가구가 되는 경우도 늘고 있다.

1인가구라고 모두 경제적으로 힘든 건 아니다. 자신만의 삶에 집중하기 위해 자발적으로 1인가구를 선택하는 경우도 많다. 이른바 '화려한 싱글'이다. 그러나 대부분의 1인가구는 상대적으로 빈곤한 삶을 살게 된다. 예를 들어, 통계에 따르면 중장년 1인가구의 절반은 월세 평균 36만 원, 보증금 있는 월세 43%, 자가 보유는 14%에 불과하다. 그런 점을 고려해보면 세대와 과정을 막론하고 대부분의 1인가구는 사회 경제적인 면에서 약자라고 할 수 있다. 자녀가 완전히 분가한 상태에서 배우자의 사망으로 독거노인이 되는 1인가구 또한 점차 증가하여 사회적 부담이 되고 있다. 이런 점에서 세대를 불문하고 1인가구의 현실은 여러 면에서 불리한 처지에 놓여 있는 것이다.

물론 우리가 일차적으로 주목해야 하는 건 청년세대 1인가구이다. 자의적이건 타의적이건 청년세대가 1인가구를 선택하는 추세가 증가하면서 사회 경제적 보호와 지원을 마련해야 하는 건 필연적이다. 그럼에도 불구하고 기존의 법은 과거의 생활방식을 토대로 하는 것이기 때문에 이러한 변화를 온전하게 감당하지 못한다. 특히 독립적 개체로서의 구체적 삶을 시작하는 20~30대 청년들에게 법의 우선적 보호는커녕 오히려 불이익과 불평등을 감수하도록 강요하는 것은 이들의 사회적 삶을 정초하는 역할에 방해요소가 되고 있다. 따라서 이러한 상황을 개선할 수 있는 법률적 보완은 불가피하다.

새로운 가구로서의 1인가구

특히 청년세대를 중심으로 빠르게 등장하고 있는 1인가구는 이미 새로운 가구로서 인식하고 그에 따른 새로운 제도적 장치를 마련해야 함에도 불구하고 우리는 여전히 그들을 외면하고 있다. 이러한 방치는 당장은 사회적 비용을 줄이는 것처럼 보일지 모르지만 사회 안정성이라는 기본적 가치를 훼손하게 됨으로써 장기적으로는 훨씬 더 많은 사회적 비용을 요구하게 될 것이다. 시급히 이에 대한 법률적 보호와 지원의 방식을 마련하는 것이 궁극적으로는 사회적 비용을 줄일 수 있다는 점에서 보다 적극적이고 선제적으로 대응해야 할 것이다.

자발적 1인가구의 출현: 자유로운 개인으로서의 나

사회적 존재로서의 인간이 배우자와 함께 가정을 꾸리는 것은 자연스러운 일이다. 한 세대 이전만 해도 그런 양상의 삶이 필수적이라 여겼다. 그러나 거기에는 반드시 조건이 따랐다. 즉 '혼인이라는 제도'를 통해 '공인된' 가정이라야 했다. 그러나 그러한 방식의 강도는 갈수록 느슨해졌다. 쉽게 말하기 좋아하는 사람들은 그것이 탐탁지 않은 서양 습속에 물들었기 때문이라고 혀를 차기도 한다. 동거나 독신의 삶의 선택이 마치 사회적 질서를 해치고 위협하는 것이라며 비난하는 것도 마다하지 않는다. 그러나 그것이 단순히 다른 풍속의 유입에 따른 도덕적 해이의 탓일까? 다행히 이제는 그런 비난에 동의하는 사람들은 거의 없다. 그러나 여전히 그들이 떠안아야 할 불이익에 대해서는 외면한다.

자발적 1인가구 출현의 바탕에는 '자유로운 개인으로서의 나'에 대한 자각과 인식, 그리고 사회적 가능성이 깔려 있다. 인류 문명사에서 근대와 현대를 관통하는 가장 핵심적인 가치가 바로 '자유로운 개인'에 대한 열망이었다. 인류는 그것을 위해 때로는 목숨을 바치는 걸 마다하지 않았다. 점진적이건 급진적이건 그것은 포기할 수 없는 가치임이 분명해졌다. 차별과 불의에 대한 저항과 투쟁은 바로 그러한 지난한 과정이었다. 서양에 비해 그 가치에 대한 인식과 실현이 상대적으로 늦기는 했지만 '자유로운 개인'의 가치는 절대적이며 교육을 통해 학습되면서 그 인식의 토대는 점차 공고해졌다.

물론 1인가구의 출현에서 가장 중요한 계기는 경제적 독립에 기인한다. 배우자의 수입으로 안정적 가정을 꾸려야 하는 건 사회적 관습뿐 아니라 현실적으로 경제적으로 독립할 수 없는 여성들에게는 불가피한 일이었지만, 이제는 본인의 경제활동으로 독립적인 삶이 가능해짐에 따라 수많은 비용을 치르며 감내해야 하는 혼인에 대한 회의 등이 크게 작용한다. 이것은 여성들이 이혼을 기피했던 이유와도 흡사하다. '정 때문에' '자식들 때문에' 불행한 혼인 생활을 감수해야만 했던 여성들이 독립적으로 경제활동이 가능하기에 굳이 불행한 삶을 지속해야 할 까닭이 없기 때문에 이혼율이 증가하는 것과 무관하지 않은 것처럼. 예전에는 이혼을 도덕적 흠결이라 여겼기에 극구 피하려 했고 타인의 시선을 의식했지만 이제는 당당하게 '돌아온 싱글'을 숨기지 않는 것은 그만큼 의식이 변했음을 방증한다.

어떤 사람들은 1인가구를 선택한 젊은 세대를 '이기적'이라고 비난하기도 한다. 자신의 '야망'을 위해, 희생을 피하기 위해 혼자만의 삶을 선택한다는 것이다. 그것은 "나의 '보편적' 삶의 방식"의 거부에 대한 불쾌함을 사회의 미풍양속을 해친다는 명분으로 덧씌운 비난이기도 했다. 정작 왜 그들이 1인가구의 독립적인 삶을 선택하는지에 대한 이해는 여전히 부족했다. 그러면서 이들이 경제적으로 풍족하고 개인이 누릴 수 있는 최대치를 영위하는 것을 보면서 '화려한 싱글' 운운하는 방식으로 조금씩 변화했다. 그러나 여전히 '적대감'은 사라지지 않았다. 여전히 존재하는 부조리하고 불합리한 가족의 구성과 활동에 대해 반성적으로 성찰하지 않는 한 이 적대감은 사라지지 않을 것이다. 그런데 현재 사회에 대한 지배력을 기성세대가 독점하고 있으니 이들에 대한 제도적 안전망을 마련하는 데에 소홀해왔던 게 우리 사회의 현실이다.

비자발적 1인가구의 증가

이른바 화려한 싱글이 비난 반 부러움 반의 심정이라면 '화려하지 않은 싱글'의 삶에 대해서는 어떠한가? 누구나 자신의 삶에서 자아를 실현하는 것을 원한다. 그래서 결혼이라는 제도와 가정이 그 실현에 걸림돌이 된다면 안타깝지만 기꺼이 혼자의 삶을 선택한다. 이런 자발적 1인가구는 많은 청년들에게 잠재적 '워너비'가 되는 것도 사실이다. 결혼제도를 통한 가정의 구성이라는 안정적이고 관습적인 삶의 양식에 편입되는 것을 전적으로 거부하는 것은 아니지만 자아실현을 위해 혼인을 유보하거나 포기하는 청년들이 증가하는 건 자연스러운 일이다. 그건 선진화된 사회일수록 일반적인 양상이 되고 있다.

그러나 문제는 본인이 주체적으로 선택한 것이 아닌, 어쩔 수 없이 '그렇게 살아야 하는' 비자발적 1인가구의 경우다. 그들은 화려한 싱글의 삶을 선택하고 안정적인 '전통적 가정'을 포기한 게 아니라 어쩔 수 없이 떠밀려 1인가구의 삶을 살아갈 수밖에 없다. 앞서 언급한 것처럼 처음에는 기존의 부부들이 IMF 때 출산을 포기하더니 젊은 연인들이 결혼을 포기하고 급기야 연애마저 포기하게 된, 이른바 '3포 세대'의 청년들에게 결혼은 '남의 일'이거나 후순위의 가능성에 불과한 경우가 허다하다. 오죽하면 결혼은 축복이 아니라 '특권'이라는 말이 나오겠는가.

대학을 졸업해도 좋은 일자리는 얻기 어렵고 어쩔 수 없이 최저시급을 받는 비정규직 일자리를 얻게 된 상태에서 '자유로운 개인'의 자아실현 몰입을 위한 1인가구의 선택은 공염불이다. 희망조차 갈수록 희미해지는 현실에서 그들이 선택한 1인가구의 삶은 빈곤하고 궁색하며 비참하다. 그런데 거기에 더해 아무런 법적 보호나 지원을 받을 수 없다면 절망의 골은 갈수록 깊어지고 체념으로 변질될 시간만 가까워질 뿐이다. 설령 어느 정도 경제적 상황이 호전된다 하더라도 이미 통념상의 혼기를 놓쳤을 뿐 아니라 겨우 나아진 상황도 언제 다시 악화될지 모른다는, 경험칙에서 체감한 두려움은 여전히 '통상적 가정'의 형태를 꿈꾸는 것을 포기하게 만든다. 문제는 갈수록 이러한 양상이 확산된다는 점이다.

이것은 앞서 잠깐 언급한 이혼 과정을 통해 만들어진 1인가구의 경우나 독거노인이 처한 1인가구와는 다르다. 처음부터 1인가구에 내몰린(설령 자발적 선택이라 하더라도) 청년세대들은 아무런 혜택도 지원도 받지 못한 상태에서 법률적으로도 보호받지 못하는 사각지대에 놓여 있다. 그런데 아무도 이들에게 주목하지 않는다면, 당사자들로서 사회에 대한 신뢰나 기대 그리고 희망은 과연 가능할 것인가? 인간의 존엄성은 단순히 살아 있음에 있는 게 아니라 어떤 삶을 살고 있는지, 어떤 삶이 허용되어 있는지에 따라 크게 좌우될 수 있다. 이들 1인가구가 겪는 수많은 불이익과 법률적 소외는 다른 위원들이 자세하게 다룰 것이기에 여기에서는 그 구체적 사례를 제외할 것이지만 누구나 그들의 현실에 대해 공감하고 분노할 수 있어야 하는 건 동시대를 살아가는 동료시민으로서의 의무다.

부당한 시선이라는 폭력

명절 때가 되면 언론에서 모처럼 만나는 미혼 자녀나 조카들에게 왜 결혼하지 않는지, 언제 결혼할 것인지 등을 묻지 말라는 기사를 양념 삼아 싣는다. 그만큼 결혼이 인륜지대사라 여기는 부모세대의 전통적 사고가 존재한다는 뜻이기도 하고 그런 사고에 저항하는, 청년세대의 다양한 사유가 있음을 방증하는 것이다. 그것은 동시에 이 문제에 대한 세대 간 소통이 막혀 있다는 뜻이기도 하다. 왜 소통이 막혀 있을까?

일정한 나이가 되면 '당연히' 결혼이라는 과정을 통해 가정을 꾸려야 한다는 통념이 작동되기 때문이며 부모로서 걱정이 되기 때문일 것이다. 그러나 정작 왜 그들이 가정을 포기하고 혼자의 삶을 사는지에 대한 인과관계와 사회적 상황 등에 대해서는 고려하지 않는다. 이른바 결혼적령기를 넘은 청년은 패배자이며 사회적으로 열등한 소외자라는 인식이 있는 한 그런 이해와 고려는 남의 일이다. 이만큼 키웠으면 당연히 독립하고 결혼을 통해 가정을 꾸려야 한다는 부모세대의 사고는 바뀌지 않았는데 자녀들로서도 자신의 답답한 처지를 설득하는 게 불편하고 설득되지도 않는다고 여기기 때문에 이 문제에 대한 깊은 대화는 차단된다. 그러면서 열등감과 패배의식이 덧붙여진다. 이런 사회적 시선이 추가되면서 당사자들이 겪는 심리적 고통과 불안은 가중되며 현실적으로 그들이 받아야 할 불이익은 현실화되면서 절망하게 된다.

1인가구를 선택할 수밖에 없는(혹은 자발적으로 선택했다 하더라도 크게 다르지 않을) 당사자로서는 이러한 시선들이 부당한 압력이며 더 나아가 폭력으로 느껴질 수밖에 없다. 사실 출산율의 저하도 이기적인 부부의 선택이 아니라 IMF 체제가 낳은 위기감이 육아와 교육비가 상당한 비용을 요구하는 대한민국의 현실에서 어쩔 수 없이 출산을 포기하게 만들었던 게 가장 큰 이유 가운데 하나이며 취업률의 저하가 신혼부부의 감소로 이어졌기 때문이지만 기껏 한다는 게 출산장려금이라는 어설픈 당근에만 의존했던 것을 반성적으로 성찰해보면 1인가구에 대한 부당한 시선은 근거도 없고 당위도 없는 편견의 산물에 불과하다. 그러므로 진정으로 이 문제에 대해 고민한다면 사회의 구조적 모순과 미래의 삶에 대한 현실 가능한 희망을 구체적으로 제시해야 한다.

더 나아가 1인가구가 상대적으로 사회적 약자라는 사회적

인식을 토대로 그들의 법적 권한을 적극적으로 보장하고 보다 나은 삶을 영위할 수 있는 제도적 장치를 제공할 수 있는 공감에 따른 법률적 조처가 뒤따라야 한다. 특히 본인이 원하지 않았지만 어쩔 수 없이 1인가구의 삶을 강요받는 청년들에게 따가운 시선이 아니라 오히려 따뜻하고 도움이 되는 시선으로 전환해야 한다. 무엇보다 이들은 정치, 사회, 경제적 불이익을 강요받는 사회적 소수자라는 인식의 전환과 그에 따른 제도적 보완이 시급하다.

사회가 가정을 제도적 법적으로 보호하고 지원하는 것은 건전한 가정의 유지와 발전이 사회의 그것과 직결된다는 인식 때문이다. 그런데 그 가정이 반드시 제도를 통한, 그리고 배우자나 자녀로 구성되는 가정이어야 한다는 완고한 생각은 이제 더 이상 유일한 가치일 수 없다. 무엇보다 이들이 사회적 약자라는 점을 고려하면, 법이 약자를 우선적으로 보호하고 지원한다는 법 정신에 비춰볼 때 헌법적 가치를 훼손하지 않는 한 반드시 이들을 위한 새로운 법률의 제정이 필수적이고 시급하다. '눈에는 눈, 이에는 이'라는 함무라비 동형동벌법의 정신이 강자의 횡포를 막고 힘의 비대칭성에 따른 과도한 사형(私刑)의 병폐를 막기 위해 한계를 공적으로 설정한 것이라는 건 법의 우선적 보호 대상이 상대적 약자라는 걸 확고하게 웅변하는 것이다. 지금 우리는 사회적 약자, 소수자인 1인가구에 대해 무엇을 어떻게 하고 있는가?

새로운 공존의 지혜

기성세대의 눈으로 해석하지 말라

사회가 변화하고 새로운 생활방식이 일반화되며 인간의 존엄성이라는 보편적 가치가 진화하기 위해서는 그에 따른 사회적 이해와 지원이 따라야 하는 건 당연하다. 그것을 수행하는 것이 건강한 국가요, 법질서이며 사회적 가치다. 그래야만 자유로운 개인이라는 보편적 가치를 수호할 수 있으며 보다 나은 삶을 누려야 한다는 행복추구권이 적극적으로 실현될 수 있다. 불행히도 지금의 1인가구 당사자들은 기성세대에 비해 나이도 어리고 권력도 미미하며 경제적으로 빈약하다. 어디에서도 그들의 권리를 적극적으로 보장하고 지원해주는 환경은 미비하다. 무엇보다 사회적 의사결정의 전적인 권한을 쥐고 있는 기성세대가 자신들이 살아온 경험을 토대로 지금의 청년세대를 해석하고 재단하고 있다는 것은 심각한 걸림돌이다.

기성세대가 1인가구의 사회적 무책임성을 비난하고 이기적 선택에 대해 비판하기 전에 왜 그런 현상이 출현하고 있는지를 성찰해야 한다. 결과가 아닌 원인에 대한 성찰이 선행되지 않는 한 세대의 갈등은 심화되고 청년세대에서도 기혼과 비혼에 따라 갈등하게 되며 서로의 존재 때문에 자신들이 더 많은 부담을 떠안고 이익은 축소된다는 위기의식이 심화되는 세대 내

갈등과 분열까지 악화될 수 있다. 자의적 비혼과 불가피한 비혼을 구분하는 것 또한 삼가야 한다. 청년세대 자신이 그런 표명을 하지 않는데 기성세대의 눈과 기준으로 재단하여 이기적이라거나 반사회적이라고 비난하는 건 사회적 합의를 통한 진일보는커녕 오히려 문제를 복잡하게 만들고 갈등을 유발할 뿐이다.

이러한 불필요하고 비생산적 논쟁을 일삼기 이전에 다양한 형태로 불이익을 받아야 하는 1인가구에 대한 법적 보호와 지원 방안을 모색하는 것이 긴급하고 훨씬 효과적이다. 그럼에도 불구하고 여전히 우리 사회에서 이 문제에 대해 적극적으로 다루지 않은 것은 기성세대 당사자의 문제가 아니라고 여기기 때문이기도 하다. 법은 만인에게 평등하게 적용되어야 하며 약자에게 우선적으로 법적 보호를 보장해야 한다.

결과의 현상을 보지 말고 원인에 대해 성찰해야

어떤 문제를 해결하기 위해서는 반드시 인과관계를 헤아려야 한다. 자발적 선택의 1인가구는 자유로운 개인의 삶을 최우선으로 여긴다. 어쩌면 부모세대의 가정생활을 바라보고 결혼에 대한 관심이 줄거나 심지어 회의를 갖는 경우도 있겠지만 대부분은 자신의 삶에 집중하고 영위하기 위해서다. 때로는 나중에 기회가 닿을 때, 정말 자신이 사랑할 수 있는 사람이 나타

날 때 결혼할 수 있다고 유보 혹은 연기하는 경우도 있다. 이들은 '자유로운 개인'이라는, 근현대를 관통하는 중요한 가치를 실현하고 싶은 바람으로 인해 선택한다. 그렇다고 그들에게 법적 불이익을 감수하라고 요구하는 건 폭력이다.

비자발적 선택으로서의 1인가구는 결혼을 피해서가 아니라 사회 경제적 독립이 어렵기 때문이다. 그 어려움을 누가 만들었는가? 그들의 탓이 아니다. 부모세대가 그런 환경을 만들어주지 못했다. 물론 부모세대들 특히 1997년 IMF 체제의 혹독함을 겪고 이후 계속해서 힘든 삶을 꾸려가야 했던 부모세대로서는 불가항력적인 점도 있었겠지만 그걸 핑계로 사회 구조적 모순을 제거하고 더 나은 환경을 지닌 사회로 이끌어가지 못했기 때문에 자식 세대가 더 큰 불행과 고통을 겪고 있다. 이른바 선진화된 국가들에서 1인가구가 증가하고 동거의 형태가 일반화되는 게 세태의 흐름이라는 점에서 국내에서도 전체적인 1인가구의 증가는 자연스럽지만 사회구조적 모순 때문에 급증하고 있는 1인가구의 출현에 대해서는 보다 적극적인 대책이 시급하다. 이들이 이중적 피해를 받지 않도록 하는 제도적 대응이 불가피하다.

삶의 다양성을 수용하고 보호하는 사회

인간은 누구나 행복을 추구한다. 그리고 그것은 헌법에서 보장된 가치다. 행복추구권의 만인 등가적 가치가 상대적 약자인 1인가구에게 박탈되는 것을 법률적으로 막아야 한다는 것이 헌법 정신에 부합하는 일이다. 누구나 자신의 삶의 양식을 선택할 수 있다. '일반적인 사람들'의 선택을 따르지 않더라도 (그게 자발적이건 비자발적이건) 그것 때문에 불이익을 감내해야 할 까닭은 없다. 건강한 사회는 모든 구성원의 삶의 다양성을 수용하고 보호하는 사회다. 이제 대한민국의 현실은 기꺼이 그리고 당연히 그 정도의 포용력은 갖춘 사회다. 더 이상 약자의 불이익을 외면하는 것은 부끄러워해야 할 일이다.

대다수의 사람들이 선택하는 삶의 양식을 보편적 판단의 잣대로 삼는 것은 위험한 횡포고 폭력이다. 또한 1인가구를 패배의식으로 평가하는 것 또한 위험하고 무지한 일이다. 그것은 단순히 패배의 삶이 아니라 새로운 선택일 수 있음을 아무 조건 없이 수용해야 한다. 그리고 만약 그들이 부당한 상대적 불이익을 떠안는다면 적극적이고 선제적으로 보호해야 한다. 그게 지금 우리가 추구해야 할 헌법 정신이다.

사공일가 TF에 참여하면서 피상적으로 혹은 관념적으로 느끼고 동감하던 것이 얼마나 허약하고 무지한 것인지 크게 반성하는 계기가 된 것은 개인적으로 매우 다행스러운 일이었다. 첫술에 배부를 수는 없겠지만 최소한 그 발판을 마련해야 하고 무엇보다 의식을 변화해야 한다는 당위에 대해서 새삼 확인할 수 있는 기회였다. 고마운 일이다. 이제 시작일 뿐이다. 넘어야 할 산이 여전히 많다. 그래도 망설이지 않고, 작은 성취에 만족하지 않고 모든 난관과 장애를 넘어설 때 우리 사회는 한 걸음 더 진화할 것이다. 모든 사람이 자신의 선택에 책임을 지면서 타인의 부당한 불행에 대해서는 공감하고 함께 분노하면서 적극적으로 행복으로 이끄는 공동선을 향해 나아가야 할 것이다.

정재민 법무심의관을
취조하라!

Interviewee | 정재민 (법무부 법무심의관)
Interviewer | 김성신(출판평론가 · 한양대 겸임교수)

오프닝

김성신　판사 출신이신데, 당신을 취조한다고 해 기분 나쁜가?

정재민　판사일 때는 심문을 하는 것이 가장 힘든 일이었습니다. 적절한 질문을 던져야 하거든요. 핵심을 찌르는 질문을 던지려면 사건의 내막과 재판의 진행 과정과 피고인의 현재 법적, 경제적, 심리적 상황을 잘 알아야합니다. 제가 하나의 사건만 재판하고 있으면 그래도할 만하지만 보통은 수십 건의 사건을 동시에 하고 있기 때문에 헷갈리기도 합니다. 그런데 지금은 제가 질문을 해야 하는 것이 아니라 답변만 하면 되기 때문에

훨씬 수월합니다. 선생님이 힘드시겠습니다. (웃음)

김성신 기분 나쁘지 않은 이유가 잘 납득되지 않는다. 인터뷰라고 해도 될 것을 굳이 취조의 형식으로 묻는다고 할 때는 기분을 나쁘게 하겠다는 의도가 뻔한데, 지금 그런 내 의도를 무시하는 건가?

정재민 앗, 그렇다면 기분이 좀 나빠지도록 애써보겠습니다. (웃음)

김성신 어쨌든 나는 기분이 좋다. 누가 법조인을 취조해볼 수 있겠나? 이거 나로선 아주 특별한 경험이다. 무지 신난다. 내가 신나서 혹시 기분 나쁜가?

정재민 기분을 나쁘게 하려 하시니 저도 기분 나빠지려 애쓰는 중입니다.

김성신 지금 당신이 맡고 있는 직책, 그러니까 '법무심의관'이라는 직은 대체 무슨 수작을 부리는 곳인가?

정재민 법무심의관은 크게 두 가지 일을 도모하는 자리입니다. 하나는 국회의원들이나 다른 정부 부처가 만든 법안을 심의하는 일입니다. 여기서 심의한다는 것은 법안을 꼼꼼히 살펴보고 정부를 대표해서 찬성, 반대, 조건부 반대와 같은 법적 입장을 낸다는 것입니다. 어느

부처가 어떤 큰 공적인 일을 도모하려고 할 때는 기획재정부가 정부를 대표해서 재정에 관한 입장을 내고, 외교부가 정부를 대표해서 외교에 관한 입장을 내는 것과 같이 법무부는 정부를 대표해서 법적 입장을 공식적으로 국회나 관련 부처에 제출하는 것입니다. 찬성할 때는 '찬성'이라기보다는 '입법정책적 사항'이라는 입장으로 나가고, 강하게 반대할 때는 '반대'가 아니라 '신중검토'라는 입장으로 나갑니다. 기본적으로 방향은 수긍할 수 있지만 추진하는 데 상당한 어려움이 있을 때는 '충분검토'라는 입장을 내기도 하고, 약간만 보완하면 좋겠다면 '보완검토'라는 입장을 냅니다.

법무심의관이 하는 또 다른 일은 직접 법무부의 법안을 만드는 것입니다. 헌법 제52조는 "국회의원과 정부는 법률안을 제출할 수 있다"고 규정하고 있습니다. 그러니까 국회가 법을 통과시키려면 누군가가 법률안을 제출해야 하는데 그 법률안은 국회의원들이 10명 이상 찬성해서 발의할 수도 있고, 정부가 발의할 수도 있는 것입니다. 이중에서 정부가 발의하는 법률안을 흔히 '정부안'이라고 합니다. 정부안은 가장 강력한 민주적 정당성을 가진 대통령이 국무회의를 통과시켜서 제출하는 법안이라는 점에서 나름의 권위가 있을 뿐만 아니라, 관련 업무를 직접 수행해서 전문성과 책임성이 있는 해당 정부 부처가 직접 만든 법안이라는 점에서 현실적으로 작동할 수 있는 가능성이 높아서 상당히 무게가 실립니다.

정부안은 법무부만 만드는 것은 아닙니다. 각 정부 부처가 자기의 소관 법률에 대한 개정안을 제출할 수 있습니다. 모든 법률은 소관 부처가 있습니다. 가령 도로교통법은 경찰청 소관이지만 교통안전법은 국토교통부 소관입니다. 저작권법은 문체부가 소관하고, 특허법은 특허청 소관입니다. 행정절차법은 행정안전부가, 행정소송법은 법무부 소관입니다. 민법, 상법, 형법, 각종 소송법은 어디 소관일까요. 법무부 소관입니다. 법무부는 170개 법률을 소관하고 있고, 그중에서도 기본법들이 많습니다. 시대의 변화에 맞게 이런 법들을 개정하는 개정안을 만드는 것이 저희 법무부 법무심의관실이 하는 일입니다.

인간 정재민과 근황

김성신 〈알쓸범잡〉을 통해서 스타 공무원이 되었다. 공무원이 어떻게 방송을 할 수 있었나? 사인해달라는 사람들을 피해서 법무부 청사로 출근할 때도 선글라스 쓰고 온다던데 사실인가?

정재민 제가 선글라스 쓰고 출근한다는 말을 들으셨다고 하니 정보원들의 신뢰도가 상당히 낮게 느껴집니다. 제가 경호원 대동하고 스타크래프트차 타고 흰 장갑 끼고 가죽부츠 신고 출근한다는 얘기를 빠뜨리다니요. 제가 출연한 〈알쓸범잡〉이라는 프로그램이 상대적으로 호평을 받았다고 합니다. 그것은 기존의 〈알쓸신잡〉 시리즈가 원래 상당한 팬들을 보유하고 있었고 요즘 '범죄'라는 소재가 많은 분들에게 관심을 불러일으켰기 때문인 것 같습니다. 방송 인기 따라 저도 덩달아 조금 더 알려졌는지 모르지만, 모든 방송이 그렇듯이 시간이 지나면 금세 잊힐 거라 봅니다. 사실 지금도 지인들이 방송에서 잘 보았다고 인사하는 것 외에는 방송 출연 때문에 제 일상이 달라진 것은 거의 없습니다.

제가 공무원 신분인데도 〈알쓸범잡〉에 나갈 수 있었던 것은 장차관님의 허락 내지 지시가 있었기 때문입니다. 올해 1월 말에 TVN의 양정우 PD한테서 전화를 받았습니다. 본인이 〈알쓸신잡〉이라는 프로그램을 하고 있다면서 혹시 〈알쓸신잡〉을 아느냐고 물었습니다. 저는 당연히 안다, 몇 번 재미있게 보았다고 대답했습니다. 그러자 양 PD는 〈알쓸신잡〉 다음 시즌이 범죄를 주제로 하는데 거기에 제가 나와주었으면 좋겠다고 했습니다. 저는 방위사업청에서 일하고 있는 것도 아니고 법무부에서 일하는 공무원 입장이라서 방송에 나가서 법 이야기를 하는 것은 부담스럽고 곤란하다면서 거절을 했습니다. 양정우 PD는 몇 번 더 같은 이야기를 하면서 다시 생각해봐달라고 했고 저는 제가 결정권이 없으니 대변인실을 통해서 신청하면 윗분들과 이야기를 해보겠다고 했습니다. 그렇게 말할 때 저는 일회성 출연을 이야기하고 있었습니다. 〈알쓸범잡〉 시리즈 전 회차에 모두 출연한다는 것은 전혀 생각하지 않고 있었습니다. 그런데 이후 TVN에서 공식 문서로 출연 요청을 해왔습니다. 보니까 12회 전 회차 출연을 신청한 것이었습니다. 저는 전혀 가능성이 없다고 생각했습니다.

TVN의 〈알쓸범잡〉 출연 요청이 대변인실을 통해서 박범계 법무부장관께도 보고가 되었습니다. 그런데 어느 날 장관님이 갑자기 저를 호출하셔서 올라갔습니다. 장관님이 부임하신 지 일주일 정도 지난 시점이었고 저와는 안면이 거의 없던 상태였습니다. 장관님은 저에게 방송에 나가고 싶으냐고 물어보셨고, 저는 법무부 직원으로서 법무부와 국익에 도움이 되면 나가고 그렇지 않으면 안 나간다는 것 외에 개인적 의견이 없다고 말씀드렸습니다. 그러자 장관님은 나가서 국민들에게 법에 대해서 잘 설명하라고 하셨습니다.

김성신 셀럽이 되고 난 후에 사람이 변했다는 평가도 있던데 맞는가? 법무부 안에서도 당신이 인기가 높아진 것을 좋아하는가? 특히 박범계 법무부장관께서는 국회의원 시절 셀럽이라 할 만큼 인기 높은 정치인이었는데, 혹시 자신보다 인기가 높아진다고 질투 안 하시나?

정재민 그 평가는 제가 선글라스 끼고 출근한다고 한 그 신뢰할 만한 정보원 말이지요?(웃음) 법무부 직원들이 좋아할지는 법무부 직원들에게 물어봐야 할 일인 것 같습니다. 제가 생각할 때는 그분들 대부분은 자기 일을 하느라 바쁘고 저를 개인적으로 알지는 못해서 별생각이 없을 겁니다. 우리 법무심의관실 직원들은 아무래도 부서장이 나오니까 대부분 몇 번씩은 방송이나 유튜브 클립을 보았던 것 같고, 그중 일부는 저에게 와서 방송에서 제 표정이 어떻다, 의상이 어떻다, 말하는 내용이 어떻다 하면서 유용한 피드백을 주는 직원들도 있었습니다. 장관님은 저하고는 비교 대상 자체가 아니고 이런저런 중요한 현안들로 워낙 바쁘셔서 저나 〈알쓸범잡〉 프로그램의 인기에 대해서 신경 쓸 여가도 없으실 것입니다.

김성신 정재민 심의관은 사회에 나와서 판사로서 가장 긴 시간을 보낸 것으로 안다. 그런데 당신에게서는 도통 판사 냄새가 나질 않는다. 왜 그런가? 혹시 판사 생활을 헐렁하게 했었나?

정재민 글쎄요. 판사 냄새라는 것이 무엇을 말하시는 걸까요? 논리적이고, 이성적이고, 근엄하고, 점잖고, 공자님 말씀만 하는 이미지를 상상하시는 걸까요? 그렇다면 지금 법원에는 판사 냄새가 저보다도 더 안 나는 젊은 판사들이 많을 겁니다. 저도 판사 생활, 법조인 생활을 16년 했으니, 그런 부분들이 제 몸에 배어 있습니다. 쉽게 사실을 단정하지 않고 증거를 따지는 습관, 어느 한쪽의 주장을 들을 때 정반대 입장이 있는 사람은 무슨 얘기를 할지 생각해보는 습관, 논리적으로 명쾌한 이야기에 대한 선호 같은 것은 뿌리 깊게 제 속에 남아 있습니다. 그래서 어떤 사람들은 저에게 역시 판사 같다고 말하기도 합니다.

다만 저는 오래전부터 의식적으로 노력하는 것이 있습니다. 하나는 정재민이라는 자연인 자체와 판사로서의 페르소나를 구분하는 것입니다. 저는 법정에서만, 법원에서만 판사이기 때문에, 퇴근 이후에는 판사로서의 페르소나를 벗어두고 자연인인 정재민으로 살아가려고 합니다. 저답게 살아간다는 것은 저의 감정을 충분히 느끼고 또 표출하고, 저의 욕망을 적당한 방법으로 실현시키는 것입니다. 제가 꾸준히 글을 써온 것도 그 일환이지요. 그것이 때로 판사는 이래야 한다는 사회적 시선이나 과거 전통적인 주류 법관들의 생각에 부합하지 않아서 판사로서 출세하는 데 도움이 안 되거나 심지어 방해가 될 수도 있지만 사적인 삶을 포기하면서까지 거기에 저를 꿰맞추고 싶지는 않았습니다. 특히 제가 선생님을 뵐 때는 저의 가장 개인적인 영역인 글쓰기와 관련해서 뵙기 때문에 판사 냄새가 별로 나지 않았을 수 있을 것 같습니다.

김성신 법무부 업무는 어떤가? 법무부 들어오고 나서 표정을 보면 마치 물 만난 고기처럼 싱싱하다. 여기가 그렇게 재미있나? 대체 지금 법무부 안에서 무슨 궁리를 하고 있기에 그렇게 재미있나? 국가 기밀만 아니면 똑바로 대답해달라.

정재민 판사 때는 이미 만들어진 법을 그대로 적용하는 일을 했습니다. 법률에 해석이 명확하지 않은 부분이 있으면 대법원 판례를 찾고, 그것이 없으면 하급심 판례를 찾고, 그것이 없으면 해외 판결이나 논문들을 찾아서 해결했습니다. 그러다 보면 개별 사건들을 재판하는 데 있어서 판사 개인의 생각이나 가치관이 작동하는 공간은 일반 사람들이 생각하는 것보다 그리 넓지 않습니다. 하나의 사건에 대한 판사의 판단의 여지를 피자 한 판에 빗대어 말하자면, 절반 정도가 법률 문언 자체로 제거되고, 그 나머지의 절반이 판례들로, 또 나머지 절반이 해외 판례나 국내외 논문에 따라 해결됩니다. 마지막 남은 작은 한 조각 정도의 판단을 판사 개인의 재량으로 하게 되는 것입니다. 반면 법무심의관으로서 법안을 만드는 일은 마치 밀가루 도우를 가지고 고객의 구미를 충족할 수 있는 피자를 창의적으로 만들어내는 일과 같습니다. 고르곤졸라 피자를 만들 수도 있고, 마르게리따를 만들 수도 있고, 아예 종류가 다른 음식인 스파게티를 만들 수도 있습니다. 저는 어릴 때부터 뭔가를 만드는 일을 좋아했습니다. 법무심의관이 되기 전에 군함을 만드는 일을 했는데 그 일도 정말 재미있게 했습니다.

제가 법무심의관으로 부임한 직후부터 내세운 모토는 '미래 시민 사회 준비'였습니다. 감히 우리 사회의 미래를 선도하겠다는 것은 아니고, 사회가 급변하고 있는데, 또는 이미 변화한 지 오래인데 법이 발목을 잡는 일은 최소한으로 줄여보자는 데 방점이 있었습니다. 그러려면 사회가 어떻게 변화하는지를 파악해야 합니다. 저희가 파악한 키워드는 비대면시대, 1인가구시대, 인간과 생명존중, AI와 로봇, 데이터와 디지털 혁명 같은 것들이었습니다. 사공일가 TF는 이중 1인가구의 확대라는 주제에 따라 법안을 만들기 위해서 구성된 것입니다. 내년부터는 인격권, 데이터와 디지털 계약을 규율하는 법안을 만들어보려고 합니다.

김성신 이번 사공일가 TF를 만들 때 일 추진이 전광석화 같았다. 사공일가 TF는 누가 처음 구상을 했고, 어떻게 추진되었던 것인가?

정재민 사실 주로 제가 구상을 한 것입니다. 박범계 장관님이 2월 초에 취임하면서 1인가구에 관한 정책을 수립할 것을 지시하셨는데, 실은 저는 앞서 말씀드린 바와 같이 작년 11월에 부임하면서 1인가구에 대해서 관심을 가지고 있었습니다. 그러니까 제 마음속에서는 이미 어느 정도는 법안의 방향이나 TF를 통해서 그 법안을 도출한다는 기본 얼개가 구상이 되어 있었습니다. 그래서 매우 빠른 시간 안에 추진이 될 수 있었습니다. 위원들을 모시는 데 김성신 선생님의 적임자들 추천도 큰 기여를 했지요.

김성신 사공일가 TF에게 가졌던 당신의 본래 속셈이 무엇인가? 대외적으로 드러나는 공식적인 명분 이외에 숨겨진 기대효과랄까? 사공일가 TF에게 내심 기대한 것이 있었다면?

정재민 글쎄요. 모인 분들이 모두 좋은 분들이라서 서로 사적으로 알게 되어서 앞으로도 친하게 지내면 좋겠다는 생각은 했지요.

김성신 법무부에서 TF나 위원회 등을 조직해 조언을 구할 때, 보통은 법률 전문가나 법학자들을 대상으로 하지 않나? 그런데 이번 사공일가 TF는 법률 전문가 중심이 아니었다. 인문학자, 작가, 예술가, 연예인 등 법률 비전문 위원들이 대거 위촉되었다. 이것은 무슨 의도였나?

정재민 정부 안에 TF가 너무 많기 때문에 TF를 만든 것은 특별한 것이 없지만, 제가 생각할 때 우리 TF에 특별한 것이 있다면 그것은 멤버 구성이었습니다. 사실 법무부의 TF는 대개 법학 교수나 변호사들과 같은 법률 전문가들로 구성되는 경우가 많고 내부에서는 그렇게 가야 한다는 목소리도 있었습니다. 그러나 저는 생각이 달랐습니다. 저나 우리 법무부 직원들도 법률 전문가이기 때문에 법안 자체를 만드는 것은 외부의 전문가를 굳이 모실 필요가 크지 않다고 보았습니다. 저는 오히려 유명한 명망가보다도, 특출난 전문가나 학자보다도, 실제로 1인가구로서 살아온 삶의 경험이 있고 삶과 인간에 대한 특별한 통찰을 가진 분이면 좋겠다는 생각이 들었습니다. 그러다 보니 작가가 다섯 분이나 모였습니다. 곽재식 SF 작가, 박생강 작가, 백이원 작가, 명로진 작가가 참여해주셨습니다. 김성신 선생님은 수많은 책을 세상에 소개해준 출판평론가이시지요. 저도 작가이고, 저희 법무심의관실 직원인 정지우 작가도 원래 유명한 인문학 작가인데 놀랍게도 올해 변호사가 되어서 첫 직장으로 저희 법무심의관실을 찾아주었습니다. 글을 쓰는 분들이 인간이나 삶에 대한 통찰이 깊지 않을 리 없지요. 뿐만 아니라 백이원 작가는 30대 여성 1인가구였고, 오성아 선생님은 50대 여성 1인가구입니다. 백희성 건축가는 동양인 최초로 프랑스의 〈폴 메이몽 건축가상〉을 수상한 건축가로서 1인가구가 많이 사는 건축물들을 설계한 경험이 많은 분입니다. 1인가구 TF가 출범한 뒤에는 10대 1인가구에 대한 상담 경력이 많은 십대여성인권센터 상담가 김해온 님도 합류하셨습니다. 책을 소개하는 코미디언으로 활기를 불어넣어주신 남정미 씨도 큰 기여를 하셨습니다. 노종언 변호사는 구하라법을 이슈화시킨 변호사로서 상속제도에 일가견이 있는 분입니다. 다큐멘터리를 제작하는 PD이면서 동국대에서 겸임교수로 활동하는 김동욱 PD는 집과 사무실에서 여러 반려동물을 키우는 분으로 사공일가 TF에 참여하면서 그 활동을 다큐멘터리로 만드는 역할을 담당하셨습니다.

김성신   그래서, 결국 사공일가 TF는 당신 생각대로 운영이 되었나? 기대만큼 소득이 있었나? 이번 사공일가 TF 최대의 실적은 당신은 무엇이라고 보는가?

정재민   사공일가 TF는 몇 가지 아주 중요한 법안을 정부안으로 국회에 제출하였거나 입법예고를 마쳤습니다. 민법의 물건 조항에 "동물은 물건이 아니다"라는 규정을 신설하는 안과 부양의무의 중대한 위반이 있는 경우 재판을 통해서 상속권을 상실시키는 일명 구하라법이라고 하는 법안을 국회에 제출했습니다. 그 밖에 유류분 권리자들 중에서 형제자매를 삭제하는 법안과 독신자도 친양자 입양을 할 수 있는 길을 터주는 법안이 11월에 입법예고되었습니다. 그 밖에 반려동물의 개념을 정하고, 반려동물을 압류 대상에서 배제하고, 반려동물에게 상해를 가하거나 반려동물을 죽인 경우 주인에게 위자료를 인정하거나 교환가치를 넘어서 치료비를 인정하는 법안도 법사위 국회의원을 통해서 국회에 제출될 예정입니다. 민법이 국민 생활의 근본을 규율하는 기본법 중 기본법이므로 쉽게 변경되지 않는다는 점을 고려할 때 사공일가 TF가 1년 동안 내어놓은 법안들은 양적으로나 질적으로나 우리 사회에 상당히 깊은 정도의 근본적 변화를 야기할 수 있는 법안들입니다.

김성신 사공일가 TF의 활동 중에서 당신 관점에서 가장 의미 있고 기억에 남는 일이 있다면 어떤 것이었나?

정재민 앞서 말한 법안들을 만들어낸 것입니다.

김성신 이번 사공일가 TF의 활동과 성과를 담는 백서까지도 아주 독특하게 만들라고 했다면서? 심지어 백서를 일반 출판물로 제작해 정식 출간까지 한다던데, 그러는 이유가 뭔가? 원래 남들 안 하는 일만 골라서 하는 스타일인가?

정재민 공무원들이 TF나 위원회를 마치고 백서를 왕왕 냅니다. 그런데 그 백서라는 것이 그간 만든 공문서들을 좀 모아서 백색 표지로 제본한 것이 대부분입니다. 저는 책으로 만들어서 정식 출간을 해보려고 하였습니다. 저희 위원회 멤버들이 지금까지 낸 책들을 다 합치면 120권이 넘는 것 같았습니다. 그 정도로 글을 잘 쓰시는 분들이 많습니다. 그분들을 그냥 보내드릴 수는 없지요. 그리고 저희 직원 중에서 아주 젊은 변호사들이 사공일가 TF 준비에 참여하면서 보고 배운 것이 많습니다. 그 직원들도 가만히 보니까 아주 재기발랄하고 글도 잘 씁니다. 이런 분들의 뜻을 하나로 모아서 책을 내는 것이 가장 좋은 백서가 되겠다고 생각했습니다. 보통은 백서를 다른 정부기관, 공공기관에 무료로 뿌리는데 저희는 그렇게 하지 않으려고 합니다. 돈을 주고 살 수 있는 백서여야 더 가치가 있을 것 같습니다. 물론 수익금은 저희가 갖지 않고 10대 1인가구에게 기부할 예정입니다. 저는 기존보다 조금만 더 신경 쓰면, 항상 그런 것은 아니지만 경우에 따라 훨씬 더 나은 결과를 얻을 수 있다는 생각을 가지고 삽니다. 공직 사회에서는 관행대로 굴러가는 것이 많은 편인데 공직에서 그런 노력이 더 필요하다는 생각을 하고 제가 그렇게 조금 더 노력하고 한 발 더 뛰다 보면 제 후배들도 덩달아 하는 이들이, 더 잘하는 이들이 많이 나올 거라고 생각합니다.

김성신 사공일가 TF의 활동 과정을 TV 프로그램으로 제작하고 유튜브 동영상 콘텐츠로도 제작 중이라고 알고 있다. 왜 이런 것을 만드나? 이런 것이 의미하는 바가 무엇인가?

정재민 1인가구가 지난 20년 동안 15%에서 40%로 늘었고 앞으로는 더 늘 것입니다. 또 저처럼 지금은 1인가구가 아니지만 예전에 1인가구였거나, 앞으로 1인가구가 될 사람까지 치면 1인가구 이야기는 사실 대부분 국민들의 이야기입니다. 이런 사람들을 위해서 법이 만들어지는 과정을 국민들과 공유하면 일단 일반 국민들은 자신의 삶에 관련된 것이니 재미가 있고, 앞으로 다른 법들도 만들어줄 것을 적극적으로 정부나 국회에 제안하고 싶은 마음도 생길 수 있다고 보았습니다. 그리고 법무부가, 또 정부가, 또 법이라는 것이 국민들 삶 속에 파고들어서 함께 살아 숨 쉰다는 것을 알려드리고도 싶었습니다.

법무심의관으로서 계획

김성신 사공일가 TF의 일원으로서 함께 일하면서 느꼈지만, 법무부 직원분들의 유능함과 열정이 장난 아니었다. 정재민 심의관 당신 혹시 법무부 왕따는 아닌가? 직원들에게 과중한 업무를 요구해서 당신을 아주 싫어한다는 소문이 있던데, 맞는가?

정재민 제가 부임해서 기존에 하지 않던 것을 새롭게 하는 것이 많습니다. 예컨대 법무자문위원회는 과거 2년에 한 차례 정도 열리고 말았는데 제가 와서는 한두 달에 한 번씩 열리고 실제로 법안을 만듭니다. 이번에 사공일가 TF 같은 활발한 TF도 기존에 없었던 것입니다. 저희 법무심의관실이 지난 몇 년 동안 한 해에 법안을 1개정도, 많으면 2개 정도 내었는데 올 한 해 동안 10개 넘는 법안을 내놓았습니다. 법무심의관실 조직도 기존에는 팀제가 아니었는데 제가 와서 5개 팀으로 편성해서 팀제를 운영하고 있고, 불필요한 업무는 대폭 줄이고 필요한 업무를 많이 늘려가고 있습니다. 법안 미제, 민원 미제도 기존보다 3분의 1, 4분의 1로 줄였습니다. 직원들이 힘들지 않을 리가 없지요. 그래도 워낙 직원들이 유능하고 또 공익에 기여하겠다는 마인드를 갖춘 분들이 많아서 제가 항상 배우고 자극을 받습니다. 변화도 많이 주고 일도 많이 시키니까 저를 힘들어하는 직원들도 있지만, 또 저와 계속 일하고 싶어서 법무심의관실에서 어디 안 옮겨가고 계속 남겠다는 직원들도 기존보다 많아지고 외부에서도 점점 더 많은 직원들이 들어오려 하고 있습니다. 그리고 저는 우리 직원들이 장기판의 말이 아니라 정원의 나무 같은 존재들이라고 생각하고 있습니다. 워낙 자질이 우수하고 성장하고 싶은 욕구가 강해서 일이 좀 힘들더라도 좋은 일, 보람 있는 일을 벌이면 기꺼이 따라오면서 또 성장합니다.

김성신 당신이 법무부로 오고 나서, 법무심의관실이 벌여놓은 일이 엄청나게 많은 것으로 안다. 지금 어떤 일을 벌이고 있고, 앞으로 그것들을 어떻게 수습할 건가?

정재민 업무 효율성을 높이는 방안을 늘 고민 중입니다.(웃음) 원래 일이 많기도 하고, 제가 새로 벌이는 일들도 많아서 처음 석 달은 거의 매일 야근을 하고 주말에도 출근했습니다. 그러나 조직이나 업무가 효율화되면서, 또 제가 일에 익숙해지고, 제가 세운 팀장들도 업무 능력이 늘어가면서 오히려 직원들은 점점 퇴근을 일찍 하고 있습니다.

김성신 이번 취조를 통해 당신 같은 공무원은 존재 자체가 국가적 자산이란 판단이 들었다. 건강관리는 제대로 하고 있는 건가? 종종 밤 11시에도 사무실에 남아 있던데, 혹시 과로하고 있는 것 아닌가? 국가적 자산을 함부로 다룬다면 그것은 문제가 있어 보이는데?

정재민 사실 얼마 전에는 번아웃이 온 느낌도 들었고, 부임 직후부터 터진 좌우 입술이 1년째 아물지 않고 있는 실정이기는 합니다. 그래도 어쩌겠습니까. 할 일은 해야 하고, 또 일이 보람 있고, 직원들이 감사해서 힘이 나기도 합니다.

김성신 앞으로도 계속 이런 식으로 할 건가? 머릿속에 몰래 숨겨둔 계획이 있으면 당장 다 털어놓으라. 지금 말하면 정상 참작하겠다.

정재민 앞으로 제 임기가 딱 1년 남았습니다. 1년 동안 점점 더 업무를 심화시키고, 내년에는 보다 좋은 법안으로 보다 큰 결실을 거두고, 그 과정에서 우리 직원들이 무럭무럭 성장하는 것을 보는 것이 가장 큰 목표입니다.

김성신 마지막으로, 사공일가 TF 위원들에게 하고 싶은 말이 있으면 하라.

정재민   법을 만드는 것이 얼마나 큰 일입니까. 그것도 우리가 만든 법안들이 기본법 중의 기본법인 민법 개정안입니다. 민법학자들이 평생 연구하고 논문을 써도 법 한 조항도 못 바꾸는 것이 대부분입니다. 그런데 우리가 짧은 시간 모여서 정말 엄청난 일을 해낸 것입니다. 물론 앞으로 국회에서 법안이 통과되어야 결실이 뚜렷해지기는 하지만, 사실 공식적으로 법안을 내었다는 것 자체로 향후에 법의 발전 방향에 영향을 주고 사회에 화두를 던진다는 뜻에서 지금까지 한 것만 해도 대단한 일입니다. 위원님들 면면을 보면 참 선하고, 사는 듯 살아보려고 하시고, 자기 분야에서 깊은 천착으로 상당한 성취를 이루신 분들입니다. 그런 분들의 성품이나 내공 덕분에 이렇게 짧은 시간 동안 큰일을 할 수 있었다고 생각합니다. 감사하고 또 존경한다는 말씀밖에 드릴 말이 없네요.

interview

법무부장관 직격 인터뷰

나,
아주 재미있는
장관이라고!

Interviewee | 박범계 법무부장관
Interviewer | 남정미, 김성신

오프닝

남정미 안녕하세요? 법무부 사공일가 TF, '사회적 공존을 위한 1인가구 TF'에서 여성과 1인가구 등에 대해 의견을 내며 참여한 코미디언 서평가 남정미입니다.

김성신 예. 저는 법무부 사공일가 TF에서 독거 문제와 고령화 사회, 그리고 또 '동물은 물건이 아니다' 법안 등에 대해서 의견을 내며 참여한 김성신입니다. 저의 직업은 출판평론가입니다.

남정미 저희 외에도 열네 분의 각계각층 다양한 분들이 사공일가 TF에 모여 이야기를 나눴는데요. 아주 멋지고 특별한 경험이 아니었나 합니다.

김성신 예. 정말 멋진 경험이었는데요. '1인가구의 사회적 공존을 위한 TF 이것을 꾸려라. 그리고 이 사람들의 이야기 한번 들어보자'라고 하신 분이 계십니다. 바로 박범계 법무부장관님이신데요. 모셔볼까요?

(일동 박수)

남정미 어서 오세요.

박범계 이미 앉아 있는데.

(일동 웃음)

남정미 처음 회의에서 뵈었을 때 많이 놀랐어요. 저 같은 조무래기가 만날 수 없는 분이신데. 짠하고 들어오셔서 깜

짝 놀랐습니다.

박범계 저도 정미 씨 만나기 어려운 분인데.

남정미 아유. 고맙습니다. (웃음) 법무부장관님. 이번 사공일가 TF 프로젝트 굉장히 큰 경험이었는데요. 어떻게 해서 구성을 하게 되신 건가요?

박범계 우리 정재민 법무심의관이 하자 그래 가지고.

(일동 웃음)

근데 제가 장관되기 전에 대통령으로부터 법무부장관 후보자로 지명되고 나서 법무 행정이 담당해야 할 여러 사회현상을 살펴보았습니다. 그런데 1인가구가 전 국민의 40%가 넘어간다는 거예요. 그래서 1인가구의 문제점을. 차별을 극복하는 차원에서 대책을 좀 세워보자 하는 생각을 가지게 되었죠. 그러다 장관이 되고 나서 우리 정재민 심의관이 '이걸 한번 해보자' 그래서 "아, 그거 내가 원래 생각하고 있었던 거다. 좋다." 그래서 꾸리게 됐지요. 근데 '사공일가'라는 명칭. '사회적 공존을 위한 1인가구 TF'를 줄여서 만든 그 명칭을 아주 잘 만든 거 같아요.

김성신 아, 제가 만들었습니다.

박범계 아, 선생님이 만드셨구나.

김성신 예, 제 아이디어입니다.

박범계 근데 정재민 심의관은 자신이 만든 것처럼 나에게 애기를 했어요.

김성신 아, 예. 그렇습니까? 저작권 문제는 저희끼리 따로 다 뤄보겠습니다. (웃음)

김성신 실제로 시민의 한 사람으로서 사공일가 TF 활동을 해 보니까 법 하나가 시민들의 현실적인 삶에 있어서 얼 마나 밀접한지, 또 법조항에 단어 하나가 들어가거 나 빠지거나 이런 것 하나로도 법무부의 법 전문가들 이 얼마나 많은 고민을 해야 하는지를 생생하게 지켜 볼 수 있었습니다. 저로선 정말 소중한 경험이었고, 평 생 기억에 남을 만한 일이 아닌가 싶습니다. 이번에 사 공일가 TF에 모인 분들은 모두 자기 분야의 오피니언 리더입니다. 하지만, 이른바 '법알못'이기도 하거든요. 법무부에서 법에 대한 이런 비전문가들을 모아서 TF 를 구성하고 운영하는 경우는 이례적일 듯한데요. 장 관님께서는 혹시 이렇게 의욕 있게 시작은 했는데, 이 TF에서 성과가 없거나 잘못된 결과가 나올까 걱정하 지는 않으셨습니까?

박범계 지금도 그렇습니다만 법무부에서는 예전부터 주로 법 률 전문가 분들을 모셔서 TF나 여러 가지 자문위원회 등의 구성을 많이 하죠. 대부분 법학 교수님들이나 변 호사님들이고, 그리고 가뭄에 단비 오듯이 법률 전문 가가 아닌 명망가를 가끔 명단에 넣고 그랬습니다. 하지만 사공일가 TF는 법률 전문가들이 아닌 대신 각자의 분야에서 전문성을 가지고 있으면서도 1인가구로 살아온 경험이 있거나 1인가구의 삶에 통찰을 가지고 계신 선생님들을 모셨죠. 그렇기 때문에 성과가 뚜렷할 것이라고 보았고요. 그래서 처음부터 걱정은 전혀 하지 않았어요. 우리가 대학 다닐 때 법대생을 밥대생이라 그랬거든요. (남정미 밥대생?) 예. 왜냐면, 물론 다 그런 건 아니지만, 좋은 직업을 추구하고, 본인의 먹고사는 문제에만 충실하고, 사회적으로 어려운 사람들 먹고사는 문제에 대해서 좀 관심이 없는 듯이 산다고 해서요. 그 당시가 질풍노도의 시대였기 때문에 그런 면도 있었겠지만, 아무튼 지금은 그렇지 않아요. 많은 법률 전문가들이 공익적 활동을 열심히 하거든요. 천편일률적인 법조인만의 구성이 아닌 각자 분야의 권위자들, 그러면서도 평범하고 상식적인 눈높이를 가진 그런 분들을 TF 위원들로 모신 것은 아주 탁월한 선택이었다고 봅니다. 이거 역시 제가 한 게 아니고 정재민 심의관이 한 겁니다.

(일동 웃음)

남정미 아, 정 심의관님 바로 저기 계시는데, 지금 몸 둘 바를 몰라 하고 계시네요.

박범계 저 앞에 잠깐 카메라 비춰봐요. (남정미 짜잔~!)

정재민	사실 김성신, 남정미 선생님이 좋은 분들을 많이 모아 주셨어요. 그래서 성공할 수 있었던 것 같습니다.
박범계	아, 남정미 선생님하고 김성신 선생님이 많이 도와주신 거군요?
정재민	예, 많이 도와주셨어요.
박범계	나는 순전히 심의관님의 역량인 줄 알았더니…. 그게 아니네요.
정재민	아, 그 정도 안 됩니다. 제가 무슨 능력으로 그렇게 하겠습니까? (웃음)
남정미	오늘의 이 인터뷰가 굉장한 진실을 파헤치는 그런 인터뷰가 되고 있는데….
	(일동 웃음)
정재민	장관님 인터뷰 괜히 하자고 했나요?
박범계	진실은 반드시 밝혀야 돼요.
김성신	오늘의 지금 이 분위기도 굉장히 재밌잖아요?
남정미	맞아요, 맞아요.
박범계	지금 내가 너무 방정 떠나요?
남정미	아니요, 아니요.
김성신	너무 좋으세요.
	(일동 웃음)
김성신	사공일가 TF는 시종 화기애애한 분위기였습니다. 가령 '사공일가'라는 이름도 살짝 장난스럽지 않습니까?

그런 분위기에서 진행이 되었지요. 지금은 사공일가 TF의 성과를 정리하는 백서를 준비하고 있는데, 정부 부처에 발행하는 일반적인 백서와는 완전히 다른 분위기의 책자로 준비를 하고 있거든요. 지금 장관님과 나누는 이 이야기도 그대로 백서 안에 들어갈 텐데요. 장관님은 사공일가 TF의 이런 진행 상황을 모두 보고를 다 받으셨을 텐데, 어떠셨습니까? 본인이 의도한 대로, 잘 굴러가고 있다고 보셨나요?

박범계 여러분께서 사공일가 TF 회의에 정말로 열심히 참여해주신 것을 알고 있습니다. 그리고 그 과정에서 사회적으로 굉장히 파급력이 높은 주제들을 다룬 거예요. 민법에 반영되어야 할 내용들인데, 민법이라는 것은 대한민국의 기본법 중에 기본법이에요. 민법, Civil Law. 즉, 대한민국 국민과 시민들의 생활을 규율하는 법인데…. 퍼뜩 생각나는 게 왜 이혼이 먼저 생각나지?

(일동 웃음)

암튼 굉장히 중요한 거예요. 그런 기본법 중에 기본법을 여러분께서 사공일가 TF 회의를 통해서 다룬 겁니다. 예를 들어 '동물은 물건이 아니다.' 이것은 지금 입법이 진행되고 있잖아요. 엄청난 폭발력으로 범국민적 화제가 되기도 했고요.

남정미 그렇지요.

박범계 일명 구하라법이라는 것도 굉장히 중요하죠. 아이들을 제대로 부양하지 않고 오히려 학대하는 부모의 상속권을 상실시키는 법이지요. 이런 법이 아이들을 보다 적극적으로 보호해줄 수 있지요. 그것이 미래 사회를 위한 길이고요.

또 유류분이라는 제도 아세요? 상속하고 비슷한 것인데, 상속인들에게 최소한의 상속분을 보장해주는 제도예요. 그런데 형제자매에게도 유류분을 인정하는 것은 시대에 맞지 않는다는 말이 많았지요. 그것도 우리 사공일가 TF에서 논의해줘서 형제자매의 유류분제도는 현실에 맞게 폐지하려는 그런 준비를 하고 있습니다. 참 그리고, 혹시 입양에 대해서 생각해보신 적 있으세요?

남정미 네. 생각해본 적이 있습니다. 그런데 저처럼 결혼하지 않은 사람들은 현재는 법적으로 입양을 할 수가 없죠?

박범계 네. 민법상 친양자 입양은 못하게 돼 있지요. 지금의 민법상 친양자 입양은 부부가 아니면 불가능해요. 그런데 1인가구가 우리나라 전체 가구에서 40%가 넘어가는 상황에서 혼자 사는 사람은 왜 친양자 입양을 할 수 없느냐라는 문제 제기가 이제는 나올 수 있거든요. 그래서 이 문제도 지금 법무부에서 심도 있게 검토해서 법 개정을 추진하고 있습니다. 여러분이 사공일가

TF에서 이런 것들을 논의해주었기 때문에 장관이 가닥을 잡고 추진하는 힘을 얻은 거지요.

남정미   아! 제가 생각했던 것보다 우리가 훨씬 큰일을 했던 거군요.

박범계   지금 앞에서 우리 법무부의 젊은 직원들이 다들 고개 끄덕끄덕하는데. 반응이 꽤 좋은 거 같네요.

(일동 웃음)

남정미   지금 장관님이 다 맞는 말씀만 하고 계시는 거죠?

(법무부 남직원. 여직원: 예!)

남정미   우리의 현실을 반영하기 위해 법무부에서 정말 많은 노력을 하고 있다는 것을 저는 피부로 느꼈습니다.

김성신   한편으로는 우리가 이런 경험이 없었으니까요. 사공일가 TF에서의 우리가 논의를 하면 그 이후에 뭐가 어떻게 전개가 될지 상상을 못했어요. (남정미: 맞아요.)
'동물은 물건이 아니다'라는 주제가 사공일가 TF 회의 초기에 논의가 됐지요. 우리가 낮에 회의하고 오후에 집에 가서 TV를 보니. 뉴스에서 난리가 났더군요. 이후 한동안 방송과 언론에서 기사가 어마어마하게 쏟아져 나오는 걸 보고 깜짝 놀랐습니다. 그게 신기하기도 했지만. 전 국민의 삶에 엄청난 영향을 미치는 일에 참여하고 있다는 생각이 들면서 한편으로는 어깨가 무거워지더라고요.

'정말 중요한 일에 우리가 참여를 하고 있구나.' 그리고 심지어는 '와! 우리가 역사를 만드는 일을 하네!' 그런 생각까지 들었습니다.

박범계 맞아요. 정말 중요한 일을 하신 것이 맞습니다.

김성신 저는 사공일가 TF 덕에 정말이지 제 평생 잊지 못할 그런 경험을 한 겁니다. 그런 의미에서 장관님께 여쭤보고 싶은데요. 만약 사공일가 TF에 점수를 준다면 몇 점을 주시겠습니까? 기대보다 잘한 부분도 있을 거고, 또 좀 아쉬운 부분도 분명 있을 듯하거든요.

박범계 정재민 심의관은 80점이라고 했는데, 저는 100점입니다. 성과를 냈잖아요. [남정미: (박수) 와아!] 단 하나라도 제대로 아이템을 잡아서 결과를 도출해내는 것이 이 시대의 우리 국민들에게 가장 중요하다고 생각합니다. 바로 그런 측면에서 사공일가 TF의 활약에 대해 저는 100% 만족합니다.

김성신 아, 좀 뿌듯한데요. (웃음)

남정미 예. 우리가 워낙 법알못이다 보니까, 법무부 내의 법률 전문가분들이 회의에 함께 참석해 설명을 해주셨는데, 그것만으로도 공부가 정말 많이 됐습니다.

김성신 시민으로서 일상생활을 하면서 법무부의 존재감을 느끼기는 힘들었거든요. 그런데 최근에 와서 '법무부가 우리한테 굉장히 가까이 있구나' 하는 것을 피부로 느낍니다. 특히, '동물은 물건이 아니다'와 같은 개념을 담은 법 개정을 법무부가 추진한다고 할 때는 '법무부는 내 친구' 이런 느낌으로 확 다가왔거든요.

박범계　　법무부는 내 친구? (김성신 : 예.) 아, 좋다!

김성신　　박범계 장관께서 법무부장관이 되고 나서 더 친근하게 느껴지고, 법무부가 국민들과 한층 더 가까워졌다는 생각도 드는데요. 그래서 박범계 장관께서는 '장관 전문가'인가 하는 생각도 들었고요. (웃음) [남정미: (웃음) 장관 전문가!]

이 모든 것을 미리 구상해놓았다가 법무부장관으로 임명되자 곧바로 그 계획들을 실행해나가신 거 아닌가 하는 생각도 드는데, 어떠십니까? 영화 〈기생충〉에 나오는 그 유명한 대사처럼, "박범계는 다 계획이 있구나!" 그렇게 봐도 되겠습니까? (일동 웃음)

박범계　　최근의 사회적 담론이랄까? 그런 데서 자주 언급하는 용어 중에 "추격할 것이냐, 선도할 것이냐?" 그런 말이 있어요. 대한민국 경제는 처음엔 선진국들을 모방하고, 답습하고…. 그렇게 성장했지요. 하지만 지금 대한민국 경제는 추격형이 아니라 세계 각국을 선도하는 '선도형 경제'를 표방하고 있거든요. 그런데 지금처럼 뭔가를 계속 선도해나가기 위해서는 과거의 많은 경험이 축적되어 있어야 해요. 축적이 없는 선도라는 건 불가능하죠.

이런 관점에서 보면, 전임 법무부장관님들의 큰 노력과 그로 인한 축적의 과정이 있었다고 생각해요. 법무부가 그동안 주로 검찰과 수사와 관련해서, 국민들 앞에 자주 등장을 하다 보니까 아무래도 방금 김성신 선생님 말씀처럼 현실의 민생과 좀 동떨어진 그런 느낌이 없지 않아 있었죠.

제가 부임하고부터는 말 그대로 모든 실·국 본부를 다 활성화해서 각 실·국 본부마다 전략적 민생 과제들을 2~3개씩 배치했어요. 그리고 그것들을 마치 롬멜의 탱크 수백 대가 한꺼번에 몰려가듯이 전방위적으로 밀고 가게 했어요. 지난 2월 장관 취임 이후로 지금까지 한 8개월을 쭉 그렇게 밀고 있어요. 그러다 보니 아주 좋은 성과들도 나오고 있어요. 지금 김성신 선생님 말씀한 것처럼 민생에 힘이 되는, 그러한 법무행정이 가능해진 것이죠. 이제 알곡을 맺어가고 있다는 그런 느낌도 들고요. 이거 너무 자화자찬인가? (웃음)

남정미 아니요. 맞는 말씀입니다. (웃음)

김성신 저는 워낙 장관님 팬이기도 한데요. 오늘 직접 뵐 수 있다고 해서, 제가 장관님에 대해 조사를 좀 했습니다. 박범계 장관께서 취임하실 때 취임사를 제가 찾아봤는데요.

　　민생에 힘이 되는 법무 행정에 주력해야 한다. 지속 가
　　능한 정의가 뿌리내리기 위해서는 공존과 정의가 필요하
　　고, 이는 인권 보호, 적법절차, 소통으로 실현될 수 있다.

이렇게 말씀하셨더군요.
'공존과 정의'라는 단어가 들어간 이 취임사를 발표하
신 게 올해 2월 1일이었습니다. 그리고 '1인가구의 사회
적 공존을 위한 TF', 즉 사공일가 TF가 꾸려진 게 2월
17일이었습니다. 그러니까 취임하시고 불과 16일 만에
사공일가 TF가 만들어져서 첫 회의를 한 것입니다.
이런 점을 보면 '취임 이전부터 이러한 구상을 하고 있

었다'라고도 짐작하게 됩니다. 아무튼 사공일가 TF 회의를 거듭하면서 느낀 점이 하나 있습니다. 간혹 정부부처에서 만드는 위원회나 TF 회의라는 것이, 임명장 받고 나면 곧바로 유명무실해지거나 하는 그런 경우도 있는데, 사공일가 TF의 경우 오히려 회를 거듭하면서 우리에게 굉장히 힘이 실린다는 느낌을 받았거든요. 분위기가 이러다 보니 구성원들도 구체적인 성과를 내기 위해서 더 애를 쓰기도 했고요. 지금 와서 보니 이 모든 것을 다 장관님께서 의도하신 것 같은데, 맞지요?

박범계 뭐든지 다 생각이 있었던 거지요.

남정미 빅 픽처로 다 생각하고 계셨다. (웃음)

김성신 법무부의 간달프인가요? (웃음)

박범계 (웃음) 김성신 선생님이 생각하는 정의와 박범계 장관이 생각하는 정의와 우리 남정미 선생님이 생각하는 정의가 각각 다르면 그 사회가 어떻게 되겠어요? 그러니까 우리가 검찰개혁을 하는 것에 있어서도 마찬가지입니다. 검사들이 생각하는 정의를 국민이 볼 때도 공감이 되어야 정의로서 자리잡을 수 있는 거거든요. 수사가 정당성을 확인받을 수 있어야 한다는 거지요. 저는 그것에 대해 '공존의 정의'라고 표현을 했습니다. 그리고 아까 말씀하신 '법무부는 내 친구'라는 표현 말입니다. 사람이 가장 외로울 때나 슬플 때나, 또 좋을 때도 그렇고, 제일 위안이 되고 도움이 되는 사람이 바로 친구 아니겠습니까? 법무부가 친구가 된다는 것… '법무부가 우리 국민들에게 뭔가 도움이 되는 행정을 하고 있구나'라는 평가가 가능하다면 그때는 진짜 친구가 될 수 있겠지요. 바로 그래서 지금 기분이 째지려고 합니다.

(일동 웃음)

남정미 예. 진짜 '법무부는 내 친구' 그렇다고 해서 우리가 법무부를 막 어깨동무하고 할 수는 없겠지만….

박범계 아, 어깨동무 이따 한번 합시다.

(일동 웃음)

남정미 회의에 참석하면서 느낀 건데요. 1인가구, 한부모, 그리고 다문화가정. 이렇게 외로운 시대에 고군분투하면서 살아가고 있는 현대인들의 외로움을 법무부가 살살살 콕콕콕 짚어서 혈침을 참 잘 놔주고 있다는 생각이 들었거든요.

영국에서는 '외로움 담당 장관'이 있다고 합니다. 지난 2018년 '외로움'을 개인적 불행이 아닌 국가적인 문제로 인식하고 내각에 '외로움 담당 장관'직을 신설했다고 합니다. 그리고 스포츠 및 시민 사회 담당 장관이 겸직한다고 하네요.

그런데 가만히 보니까 '아! 우리나라에서는 법무부장

관이 외로움 담당 장관을 겸직하고 있지 않나!' 하는 생각이 듭니다. (웃음)

박범계 오늘 제가 두 분의 말씀에 너무 흐물흐물해지는 거 같은데요. 사실은 남정미 선생님, 저기 보십시오. 법무부가 영어로 'Ministry of Justice' 그러니까 '정의부'거든요. 정의부!

남정미 아! 그렇네요. 정의부!

박범계 국가가 정상적으로 돌아가기 위해서는 필요한 기준들이 있죠. 그중에서 정의라고 하는 기준을 정립하고 실천하는 부서가 법무부인데, 과거의 정의부, 법무부를 개념 규정하는 것은 질서였지요. 질서만 심하게 강조되면 그것은 전체주의 국가, 독재 국가가 되는 거지요. 반대로 질서가 붕괴되면 그것은 타락하고 혼란스러운 그런 나라가 되는 거지요. 바로 그래서, 기본적으로 법무부는 정의를 실천하는 그런 부서니까 딱딱한 점도 다소 있는 겁니다. 박범계 장관도 그렇습니다. 사실 제가 일선 현장 행정을 하면 거기서 만나는 시민들 중에는 '어머, 이렇게 부드러운 줄 몰랐어요'라고 하시는 분들이 꼭 계시거든요.

남정미 맞아요, 맞아요! 어머, 이렇게 부드러운 줄 저도 몰랐잖아요.

박범계 회의할 때의 제 모습을 TV로 보면 딱딱하고 약간 근엄하고 그렇다 그럽디다. 그런데 이런 인터뷰에서는 제가 이렇게 한없이 흐물흐물해지잖아요? 이거 괜찮은 것이지요? 아무튼, 그러나 기본적인 것은 질서를 잡고 정의를 수호하는 그러한 것도 게을리 해서는 안 된다…. (웃음) 너무 흐물흐물해질까 봐, 제가 지금…. (웃음)

남정미 여러분! 법무부TV를 보시면 흐물흐물한 박범계 장관님 보실 수 있습니다.

김성신 지금 말씀하신 내용에 이어서, 취임 직후 한 언론 인터뷰에서 "장관실 문 걸어 잠그는 일 없도록 하겠다." 이렇게 말씀하신 내용이 있더라고요. 홈페이지 들어가 보면 '법무부 열린 장관실' 이렇게 되어 있고요. 진짜로 항상 열려 있는 겁니까?

박범계 우리 직원들이 더 잘 알겠지만 100% 열려 있어요. 보고받을 때도 그래요. 미리 순서를 정하고, 예약을 하고 그런 식으로 하지 않아요. 장관실 열려 있으면 수시로 들어올 수 있어요. 다만, 제가 극도로 피곤해서 잠깐 휴식을 취해야 하는 상황이라거나 아주 긴밀한 업무를 처리해야 하는 상황만 아니면, 제 방은 언제나 프리패스지요.

남정미 오랫동안 국회의원 일을 하시면서 민생의 현장에서 많은 국민을 만났던 분이기 때문에 어떤 법이 시급히 필요한지, 우선순위는 어떠해야 하는지 이런 것을 굉장히 잘 알고 계신다는 생각이 들었습니다.

박범계 와~! 예~!

(일동 웃음)

김성신 밤새도록 장관님과 말씀 나누고 싶지만, 아쉽게도 이제 마무리를 해야 하는 시간입니다. 제가 마지막으로 여쭤보고 싶은 것은, 굉장히 인기 있는 정치인이셨잖아요? 제가 좋아할 만큼 인기 있는 정치인이셨는데….

남정미 제 앞에선 맨날 정치인들 욕만 하시더니…?

김성신 아닌데. 박 장관님은 오래전부터 좋아했어요. (웃음) 다시 질문 드리겠습니다. 박범계 장관께서는 국회의원과 법무부장관, 이 두 개의 직 중에서 어떤 것이 더 재미가 있으세요?

박범계 우스갯소리로 "국회의원은 아침에 일어나면 어디를 향해서 총을 쏠까 이런 고민을 한다"라는 얘기가 있어요. 그러니까 총을 쏜다는 표현은 모든 국정에 대한 견제와 감시 기능을 의미하는 것이지요.

국회의원은 자유로움이 있어요. 하지만 법무부장관은 그런 자유로움이 전혀 없어요. 얼마나 고된 작업인지 우리 스텝들은 너무 잘 알 텐데, 다만, 그럼에도 불구하고 장관직은 역시 집행을 담당하는 역할이잖아요? 때문에 '내가 꿈꿔왔던 대한민국 사회에서 법무 행정의 모습은 이래야 된다'라는 나의 오랜 생각, 그런 것

들을 바로 실행할 수 있어요. 그리고 그 실행을 통한 성과가 가시적으로 드러나며 바로바로 피드백이 되거든요. 장관직은 그런 점에 있어서 정말 매력이 있죠. 일종의 카타르시스 같은 게 있는 거예요. 그렇기 때문에 더욱더 뭔가 할 만합니다.

(일동 웃음)

김성신 '국회의원과 장관은 성취감을 느끼는 지점이 다른데, 성과가 확실하게 드러나는 성취감 속에서 나는 장관으로서 지금 열심히 일하고 있다!' 저는 이런 말씀으로 들었습니다.

남정미   그 카타르시스에 일조했다고 생각하니까 기분이 굉장히 좋습니다.

박범계   오늘 이 자리 직전까지 여러 가지 힘들었고 스트레스도 굉장히 많은 날이었는데, 두 분과 대화하면서 내가 또 카타르시스를 느꼈어요. 머리가 맑아졌어요.

남정미   고맙습니다. 저희도 장관님께 굉장히 좋은 에너지를 얻어갑니다. 오늘 장관님과 이야기 나누다 보니까 법무부에 대한 신뢰감이 더욱 커졌습니다.

김성신   저희도 이제 사공일가 TF의 남은 활동 기간 동안 법무부가 국민이 삶과 일상에 도움이 되는 법무정책을 더욱 잘 펼칠 수 있도록 적극적으로 제안도 드리고 열심히 활동하겠습니다. 장관님께도 사공일가 TF에 마지막까지 관심과 사랑 부탁드리겠습니다.

박범계   오늘 인터뷰도 즐거웠고, 두 분 앞으로도 많이 도와주세요.

**김성신
남정미**   지금까지 법무부 사공일가 TF에 참여한 김성신, 그리고 남정미였습니다. 여러분, 고맙습니다.

(일동 박수)

②

사공일가 TF
법무부 소속위원의
글

1인가구로 살던 시절에서부터,
사공일가 참여까지

정지우(법무심의관실 연구위원 · 작가)

1인가구로 살았던 20대

20대에는 내내 1인가구로 살았다. 스무 살에는 불과 몇 개월 전 고등학교를 졸업한 입장으로 서울에서 대학을 다니기 위해 자취를 시작할 수밖에 없었다. 가족에 둘러싸여 살아왔던 삶이 한순간 '혼자'의 삶으로 변하니, 그 격차라는 게 쉬이 좁혀지진 않았다. 꽤 오랫동안 불면에 시달리기도 했다. 혼자 어두컴컴하고 차가운 집에 들어와 형광등을 켰을 때 그 창백한 겨울의 느낌은 여전히 잊을 수 없다. 아마도 나는 그 시절, 처음으로 외로움이라는 걸 제대로 이해했던 것 같다.

신기하게도 내가 1인가구로 살 때는 주위에 온통 1인가구로 사는 사람들밖에 보이지 않았다. 나처럼 지방에서 올라와 자취하는 친구와 매일 같이 밥을 먹고, 그들과 저녁을 보내고, 원룸의 조건이나 주말을 보내는 방식에 대해 이야기했다. 그러면서 자연스레 1인가구로 사는 일의 기쁨과 슬픔, 혹은 좋은 점과 어려운 점에 대해서도 자주 듣고 이해하게 되었다. 물론, 스스로 경험하기도 했고 말이다.

가령, 한 번은 맹장염 수술을 해야 한 적이 있다. 갑자기 어느 아침, 배가 아팠고, 몇 번 내과에 왔다갔다하다가, 대학병원의 응급실에 갔는데, 부모님이 올 때까지는 수술을 할 수 없다고 하여 새벽 1시까지 기다렸다. 부모님이 간신히 자정을 넘어 도착했고, 나는 하루 종일 기다려서 겨우 수술을 할 수 있었다. '보호자 동의' 없이는 전신마취 등 수술을 할 수 없다는 병원의 입장 때문에 종일 통증 속에서 구토를 하기도 하며 기다렸던 것이다. 이런 어려움은 홀로 사는 사람들로부터 늘상 들었던 이야기이기도 했다.

한편으로는 자주 불안감을 느끼기도 했다. 관리인도 없는 단층짜리 원룸에 살면서는, 안전과 관련된 문제에 신경이 곤두서 있었다. 실제로 이사 중에 옷 박스를 도둑맞거나, 자전거가 사라지고, 누군가 지나가면서 방 안을 들여다보는 일 등이 있었다. 그런 일들은 주거의 안전에 대한 고민을 계속하게 했다. 그것은 또한 대개 1인가구의 불안과 깊이 연관되어 있기도 했다. 1인가구도 그 나름의 격차가 있겠지만, 내가 아는 한 많은 경우는 으리으리한 아파트나 주상복합에서 살기보다 다소 열악한 원룸촌에 사는 경우가 많다. 대개는 '주거 취약 계층'에 속하는 셈이다.

성년이 되어 처음 홀로 사는 데서 오는 자유로움도 있지만, 그처럼 1인가구로 사는 일은 늘 어딘가 불안하거나 다소 소외된 느낌, 사회의 주된 '주거형태'나 '가구형태'에 속하지 못한다는 느낌을 동반했다. 물론, 어떤 1인가구는 오히려 안정적인 '부'를 깔고 앉아, 독립과 자유를 마음껏 구가하고 있을지도 모른다. 그러나 적어도 어떤 1인가구, 나를 비롯하여 내 주위의 대다수 사람들이 경험했던 1인가구라는 건 어딘지 불완전한 어려움 속에 놓여 있었다. 우리는 보호받지 못한다는 느낌, 우리는 사회에서 충분한 지원이나 관심의 대상이 되지 못한다는 느낌이 있었다. 그 느낌이 아마 착각만은 아니었을 것이다.

고양이와 함께 살면서

노명우 교수가 쓴 《혼자 산다는 것에 대하여》에서는 홀로 사는 것과 함께 사는 일의 차이를 '역할밀도'로 설명한다. 홀로 사는 것은 역할밀도가 줄어들면서 자유가 넓어지는 것이고, 함께 사는 일은 역할밀도가 늘어나면서 자유가 줄어드는 것이다. 함께 살면, 남편이나 아내, 엄마나 아빠, 자식으로서의 역할이

자아에서 큰 부분을 차지하게 된다. 반면 홀로 살면, 집에서의 역할이 사실상 없다. 역할로부터 벗어나서 자유롭게 자아 정체성을 구성하며 자기의 시간을 살아낼 수 있다.

고독을 사랑하고자 했던 시절에, 이런 관념은 무척 매력적인 데가 있었다. 홀로 산다는 건 역할놀이에서 벗어나 고독한 자유를 마음껏 누리는 것이구나! 그렇게 생각하며, 홀로 살고 싶다고 생각하기도 했다. 그런데 이런 생각이 묘하게 변한 때가 있었는데, 바로 고양이를 키우면서였다. 어느 날, 집 밖에서 들리던 고양이 울음소리에 문을 열었더니, 문 앞에서 나를 올려다보는 아기 고양이가 있었다. 내가 당황하고 있는 사이, 고양이는 집 안으로 들어왔고, 그날부터 고양이와 함께 사는 삶이 시작되었다.

어릴 때부터 강아지와 함께 살긴 했지만, 고양이와 함께 사는 건 처음이었다. 고양이를 집에 들인다는 건 어딘지 생경하고, 신기하고, 따뜻한 일이었다. 함께 침대에서 잠을 자고, 책을 읽는 오후면 고양이가 곁에서 그르렁대고, 누군가 나를 기다리곤 하는 것은 그야말로 '반려'묘를 얻는 일이었다. 달리 말하면, 더 이상 홀로 사는 것만은 아니고, 1.5인가구가 된 느낌이랄까, 혹은 1인1마리가구가 된 느낌이랄까, 하는 것에 가까웠다.

채워지는 만큼 책임도 늘었다. 고양이를 두고 하룻밤 어디 떠나는 것조차 어려워졌다. 그러려면 홀로 사는 친구에게 고양이를 부탁해야 했다. 일주일씩 여행을 떠날 때면, 거의 친구에게 사정을 하고 밥도 사야 했다. 고양이 사룟값이며 모래 값, 각종 용품비나 병원비 등도 만만치 않았다. 확실히 홀로 살던 나에게 역할밀도가 늘어난 순간이었다. 반려동물을 들인다는 건 새로운 가족을 만드는 일이었다.

1인가구로 산다는 것에는 그처럼 묘한 지점들이 공존하고 있었다. 홀로 사는 것의 자유로움, 외로움, 불안함, 그리고 그에 더해 동물과 함께 가족을 이루는 일, 나아가 이런 삶을 보다 온전하게 만들어나가고 사회 속에서 인정받고 싶은 마음, 그런 것들이 뒤섞여 있었다. 나는 어느 순간, 1인가구로서의 삶을 마치고 2인가구로, 이제 아이가 있는 3인가구로 들어섰지만, 아마 1인가구로 계속 살 수도 있었을 것이라 생각한다. 실제로 성인이 된 이후 여전히 가장 오랜 시간을 살았던 '가구형태'이기도 하다.

하나 확신하는 것은 1인가구건 3인가구건, 그 가구형태에 어떤 우열은 없다는 점이다. 어떤 삶의 형태이건 그 나름의 고유한 가치가 있을 따름이다. 그렇기에 1인가구에 대해 어떤 사회적 차별이 있다면, 그것을 고쳐나가야 한다. 혹은 1인가구가 유독 경험하는 사회적인 어려움이 있다면, 그것은 보완되어야 한다. 나아가 1인가구와 관련되어 더 풍부한 사회적인 이해와 인식이 가능하다면, 그를 향한 길을 걸어야 한다.

동물의 비물건화 규정에 관하여

법무부 1인가구 TF에 참여한 건 1인가구를 벗어나고 몇 년
이 지나서였다. 꽤나 정신없는 결혼 생활과 육아 생활을 하는
와중이었는데, 어쩌다 보니 1인가구에 대한 고민을 함께할 기
회를 갖게 된 것이었다. 1인가구 TF는 법무부에서 주도하는
것이니 만큼, 1인가구와 관련된 법률을 개선하는 데 그 목적이
있다. 물론, 법률 개정이라는 것이 그렇게 쉽지는 않고, 모든
법률을 마음대로 바꿀 수 있는 건 결코 아니다. 특히, 1인가구
TF와 관련해서 법무부에서 관여할 수 있는 법률은 주로 민법
이다. 결국 대개 민법에서 1인가구와 관련된 부분을 찾아내어
개선하는 것이 목적이다.

1인가구 TF는 크게 '친족' '상속' '주거' '보호' '유대'라는
다섯 가지 키워드를 중심에 놓고 관련 법 개선을 검토했다. 다
양한 법률 개정안들이 제시되었는데, 그중 가장 먼저 눈길이
갔던 것은 '유대'와 관련된 '동물의 비물건화' 개정안이다. 로스
쿨에서 민법을 공부할 때부터 심정적으로 가장 불편했던 게 민
법에 동물이 '물건'으로 규정되어 있다는 점이었다. 물론, 법적
인 개념이라는 것은 일상적인 용어와 다르기 마련이지만 동물
을 물건에 속하는 것으로 보는 그 체계 자체에 어느 정도 반발
심이 들었던 것도 사실이다.

1인가구 TF에서는 바로 그런 부분을 개정하고자 했다. 한

조사에 의하면, 이미 반려동물을 기르는 인구가 1,500만 명에 이르는 것으로 추정된다. 반려동물을 키우는 가구형태야 다양할 수 있지만, 특히, 1인가구에게는 거의 유일한 가족 구성원과 다름없기도 하다. 아무리 법적인 용어라지만, '물건'과 같이 산다고 규정하는 것이 동물의 권리나, 그 동반자의 권리에 결코 이로울 리는 없다. 법적인 규정은 사회적 인식과 상호 영향을 주고받는다고 볼 수 있기 때문이다. 이런 동물의 '법적 지위'를 적어도 '비물건'으로 만들겠다는 것이 1인가구 TF의 주요 과제였다.

물론, 부모님과 함께 살던 시절에도 강아지는 가족이었다. 홀로 살던 시절의 고양이보다 덜 소중하지 않았다. 그럼에도 동물의 법적 지위를 바꾸어나가는 건 1인가구와 더 밀접하게 관련된다. 모든 가족 구성원이 소중하지만 유일한 반려동물이나 가족 구성원은 더 남다른 의미가 있기 마련이다. '1인가구이지만 홀로 살지 않는다' '1인가구에게도 비물건인 가족이 있다'라는 건 그와 관련된 여러 문제의식들을 파생시킨다. 누군가의 유일한 가족인 반려동물에 대한 보호 강화라든지, 반려동물 돌봄 서비스라든지, 반려동물을 위한 각종 환경 개선 등의 문제를 상상할 수 있게 해주는 것이다.

나아가 이는 1인가구에만 한정되는 게 아니라, 반려동물과 함께 살아가는 모든 사람들에게 큰 영향을 줄 것이다. 동물이 물건이 아니라는 규정이 민법에 추가됨으로써 동물보호법 등의 개정도 탄력을 받을 수 있다. 그렇게 동물과 함께 살아가는 사회를 상상하게 될 것이다. 홀로 살던 시절, 고양이가 곁에 있었던 덕분에 외로운 시절을 보다 잘 견뎌낼 수 있었는데, 그것은 정확히 말해 '홀로' 살았던 삶이라기보다는 내 곁을 지켜주던 어느 물건 아닌 '존재'와 함께 살았던 삶이었다. 그렇게 보다 분명히 이야기할 수 있는 세상을 생각해보는 것이다.

1인가구에 친화적인 법체계를 위하여

민법에는 그 밖에도 1인가구와 관계된 몇 가지 규정들이 존재했다. 가령, 유류분은 1인가구의 의사에 반할 가능성이 높다. 유류분이란, 사람이 사망하게 되면 사후 강제로 가족 등에게 분배되는 재산 부분을 의미한다. 그런데 1인가구 입장에서는, 이미 홀로 독립적인 삶을 살아가기로 마음먹었고, 별 관계없는 친척 등에게 사후 재산을 물려주고 싶지 않은 경우도 많을 것이다. 그럼에도 유류분은 본인의 의사에 반하여 존재할 수도 있다. 가족 구성원들이 여러 명을 이루고 있다는 전제하에, 사후의 평등한 분배를 도모하는 이러한 유류분은 적어도 축소하는 것이 1인가구 입장에 부합할 것이다.

가수 고 구하라의 사망으로 논란이 된 상속 문제도 1인가구와 관련되어 있다. 이미 생전에 인연을 끊다시피 했던 가족이

다시 나타나서 상속받는 것이 문제되었기 때문이다. 이에 대해 '상속권 상실제도'를 도입할 필요성도 제기된다. 부모 등이 부양의무를 위반하거나, 자식 등에게 범죄행위, 학대 등을 했을 경우에는 상속권을 박탈시켜야 할 필요가 있다. 1인가구로 독립해서 살아가는 사람을 존중하는 하나의 방식은, 그의 생전의 의지를 유지하여 독립된 삶을 그 자체로 인정해주는 것이다.

그 외에도 1인가구 TF에서는 주거 불안 해소를 위해 주거 공유에 대한 법안 개선을 검토했다. 또한 현재 부부여야만 가능한 '친양자 입양'이 1인가구에서도 가능해야 하지 않을까 하는 신중한 논의를 거치기도 했다. 그렇게 현행 법체계가 1인가구와 친화적이지 않은 부분을 찾아내 보다 새로운 시대 상황에 알맞게 바꿀 수는 없을까를 치열하게 고민하는 시간을 보냈다. 더불어 수술 시 필요한 보호자 수술동의서와 관련된 부분도 논의하며 법을 개선할 부분은 없는지 토론하기도 했다.

무엇보다 의미 있었던 것은 그런 고민의 과정 자체였다. 어느덧 1인가구에서 벗어나면서 그 시절의 고민과 어려움, 문제 의식이랄 것을 잊어가고 있던 터였다. 그러나 이번 기회에 1인가구 문제와 법적 개선을 치열하게 고민하면서, 우리 사회를 이루는 한 축으로서의 1인가구를 다시 생각할 수 있었다. 앞으로도 이런 고민이 이어져서, 우리 사회에 다양한 형태의 가구들이 존중받으며 살아갈 수 있기를 바란다.

너는 나의 가족이다

송윤서(법무심의관실 변호사)

전환점

나는 불효녀였다. 과거형으로 고백하고 있음에 감사하기도 부끄럽기도 한데, 지금 효녀라는 뜻은 아니다. 불효녀에서 그나마 'not불효녀'가 된 계기가 있다. 학창시절에 나는 공부를 꽤 열심히 잘하는 편이었지만 그게 마치 벼슬인 양 부모님에게 함부로 행동했다. 그러다가 고등학교를 졸업하고, 나에게는 너무나 사랑하는 동생이 생겼다. 물론 주민등록등본상의 그 친구는 아니다. 말티즈 종의 하얀 강아지로, 이름은 진주인데, 우리 가족이 지은 이름은 아니지만 정말 털에서 뽀얀 진줏빛이 나고, 하얀 얼굴에 까만 두 눈과 촉촉한 코가 보석처럼 빛나는 아이다. 진주가 처음 우리 집에 온 날부터 한동안, 아니 조금 오랫동안 매일 강의가 끝나는 대로 진주가 보고 싶어 집에 뛰어갔다. 지금도 내 허벅지 옆에 붙어 자면서 체온을 나눠주고 있는 우리 진주는 보고 있어도 여전히 보고 싶을 만큼 애틋하며, 나에게 말로 할 수 없는 안정감을 주는 존재이다. 내 인생에서 그 어떤 것도 이런 존재감을 가진 적이 없었다.

　나는 진주를 통해 처음으로 부모의 자식에 대한 사랑이라는 게 어떤 마음인지 알게 되었다. 어느 정도의 마음이냐면, 진주가 곧 자동차에 치일 위기 상황에서 나는 그 즉시 내 몸을 던져 진주가 털끝 하나라도 다치지 않도록 진주를 감쌀 수 있다. 진주의 수명 1년과 내 수명 10년을 바꿀 수만 있다면, 진주와 함께할 시간 정도만 남겨두고, 내 남은 수명 전부를 다 바꿔줄 수 있다. 여기서 '~해줄 수 있다'는 '할 수 있을 것도 같다'는 'can'보다는 '너무나 기꺼이 하겠다'는 의지의 'willing to'에 가깝다. 이런 마음이 생기고부터 나는 우리 부모님도 나를 이렇게 사랑할까, 사랑하겠지, 싶은 생각이 들어 부모님께 잘하고 싶어졌다. 가족보다 친구가 늘 우선이었던 나는 그때부터 부모님께 대들지도 않고, 가족들과의 시간을 소중히 여길 줄 아는 철든 딸이 되었다. 바로 진주 때문에.

이별에 대처하는 법

　나는 아주 어릴 적부터 이별을 무서워했다. 4~5세쯤의 어떤 날 밤이 아직도 기억나는데, 나는 한밤중에 옆에서 자던 엄마를 갑자기 깨워 아빠가 죽으면 어떻게 하냐고 대성통곡을 했다. 엄마는 자다 깨서 '아빠가' 도대체 왜 죽느냐고 황당해했다. 나는 그러면 '엄마가' 죽으면 어떻게 하냐고 더 크게 울어댔다. 엄마로부터 기어코 엄마, 아빠가 평생 절대 죽지 않겠다(?!)는 약속을 받아낸 뒤에야 진정하고 다시 잠들었다. 아빠가 어디 아프지도 않았는데, 그날 갑자기 엄마 아빠가 내 곁을 떠날 수도 있다는 생각을 처음 했던 것이다.

　성인이 되고 처음 만난 남자 친구와의 이별도, 2년 전 외할머니의 죽음도 나는 다른 사람보다 극복이 유독 오래 걸리고 어려운 편이었다. 외할머니가 돌아가셨을 때가 생생하다. 할머니가 눈감으신 날은 로스쿨 2학년 여름방학이 막 시작된, 기말고사가 끝난 다음 날이었는데, 대전 자취방에서 본가에 올라올 짐을 싸는 중에 엄마의 전화를 받았다. 시험이 다 끝났냐며 본가인 경기도 안양이 아닌, 할머니가 계신 전라남도 광주로 버스 타고 올 수 있겠냐는 전화였다. 그때 난 처음으로 임종부터 발인 그리고 화장까지, 한 사람의 죽음을 정면으로 맞이했다. 피할 수도 있었지만 피하고 싶지 않았기 때문에 그 모든 과정을 두 눈 뜨고 다 지켜보았다. 그후에 온 후폭풍 트라우마와 상실감이 너무 커서 한 쪽 눈이라도 감고 볼 걸 하는 후회를 많이 했다.

나는 아직도 헤어짐이라는 것이 너무 무섭다. 우리 진주는 지금 열네 살의 어엿한 노견인데, 나는 이 아이와의 이별에 대한 걱정을 진주가 세 살 때부터 시작했다. 반려인 천만 시대인 만큼 펫로스 증후군으로 병원을 찾는 환자가 엄청 늘어났다고 한다. 펫로스 증후군은 가족처럼 사랑하는 반려동물이 죽은 뒤에 경험하는 상실감과 우울 증상을 말하는데, 자식을 잃은 고통에 빗대어진다. 장담컨대 난 누구보다 강렬하고 심각한 펫로스 증후군을 앓을 것이다. 그 두려움을 억누르고, 지금 현재 우리 진주에게 더 많은 사랑을 주고 더 함께 있으려고 노력 중이지만, 진주가 평소와 조금이라도 달라 보이거나 어디 안 좋은 기미가 보이면 그날은 평정심을 잃어버리고 어떤 일도 제대로 할 수가 없게 된다. 나만 그런 건지 모르겠는데, 어떻게든 잃고 싶지 않은 소중한 무언가가 생기면, 그 행복을 온전히 느끼기 보다는 언젠가는 잃게 될 날의 걱정을 미리 하게 되는 것이다. 그래서 나의 기도 제목은 항상 진주의 건강과 우리 가정의 평화다. 어쨌든, 이제는 로스쿨 3년간의 1인가구 생활을 마치고 본가에 올라와서 친할머니, 아빠, 엄마, 나, 주민등록등본상의 남동생, 우리 진주 이렇게 여섯 식구가 큰일 없이 건강하고 화목하게 지내고 있는 지금이, 내 인생의 황금기인가 싶을 정도로 행복한 것은 사실이다. 언젠가 끝나겠지만, 절대 끝나서는 안 될 불안한 행복.

하나의 법이 되기까지

법무부가 '동물은 물건이 아니다'라는 규정을 신설하는 민법 개정안을 추진하고 있다. 그것도 법무부 법무심의관실에서, 무려 우리 팀이 담당하는 업무이다. 나는 2021년 4월 21일 오후 6시경 변호사시험 합격자 발표로 변호사가 된 6개월 차 풋내기다. 그리고 6월 1일에 수습변호사로서 법무부 법무심의관실에 입성했다. 아주 운이 좋게도, 우리가 실에 들어온 직후에 동물의 비물건화 민법 개정이 본격적으로 추진되었다.

법무심의관실은 이름 그대로 법령이 제·개정될 때(정부입법이든 의원입법이든) 법적 관점에서 문제가 있는지 법안을 심의하는 일을 주로 하는데, 법심 소관법령을 제·개정하는 일 또한 부서의 핵심 과제 중 하나다. 법심 소관법령은 민법, 민사소송법, 민사집행법, 주택임대차보호법, 상가건물임대차보호법 등이고(국가법령정보센터에서 법명을 검색하고 들어가면 우측 상단에 담당하는 소관 부처가 작은 글씨로 써 있다), 그러한 법령들의 제·개정을 정부가 추진하게 된다면, 그 담당 부서는 바로 법무부 법무심의관실이 되는 것이다.

입법부, 즉 국회의원만 법을 만드는 것이 아니라, 법무부와 같은 행정부에서도 법을 만들 수 있다는 사실(헌법 제52조: 국회의원과 정부는 법률안을 제출할 수 있다)을 법무심의관실에 와서 몸소 체험할 수 있었다. 하지만 입법부가 왜 입법부랴, 국회의원은 10인의 찬성으로 곧바로 법안을 발의할 수 있는 데 반하여(국회법 제79조제1항), 정부 발의는 아주 지난한 과정을 거쳐야 한다. 제일 먼저 '정부입법계획'을 수립해야 한다(법제업무 운영규정 제8조). 그 계획대로 혹은 그것을 수정·발전시켜 '입안'을 하는 것이 정부입법의 본격적인 시작이라고 할 수 있다.

그 시작인 입안보고가 이루어지기까지도 이러한 법안이 왜 필요한지, 규율 범위를 어느 정도로 설정할 것인지, 어떤 문구가 제일 적절한지, 사회에 어떠한 영향을 미칠 것인지 수많은 연구와 자문과 회의 등을 거친다. 우리가 법심에 온 6월에 동물 비물건화 규정 '입안보고'를 하게 되었는데, 그 전에 이미 수개월 동안 연구용역발주, 자문의뢰, 1인가구 TF 회의가 진행되었다고 한다. 출근한 첫 주였던가 농림축산식품부장관님이 심의관실에 오셔서 심의관님과 이 개정에 대해 의견을 나누던 것이 기억난다. '민법'은 법심 소관법령이므로 우리는 '민법'을 개정하는 것이지만, '동물보호법'은 농축산부 소관법령이고, 우리가 동물과 관련해서 '민법' 개정을 하게 되면 다른 동물 관련 법에도 영향을 미칠 것이기 때문이다.

정부입법은 형식적으로도 법령이 공포되기 전에 법령안 입안, 관계기관 협의, 사전 영향평가, 입법예고, 규제심사, 법제처 심사, 차관회의 및 국무회의 심의, 국회 제출 및 본회의 통과 등 험난한 절차(법제업무 운영규정 참조)가 기다리고 있지만, 실질적으로 그 관문을 하나하나 통과하기 위해서 들이는 작업도 엄청나다. 실무자로부터 시작된 입안 보고서가 장관님 결재 및 대통령 재가에 이르기까지(그 단계 단계마다 좌초되기도, 수정되기도 한다) 설득을 위한 근거 자료와 검토 보고서를 준비하는 것은 물론이고, 사회적 합의와 지지(법 개정이 이루어지면 그 적용은 결국 국민들이 받게 되므로)를 받기 위해 언론 보도자료를 작성해서 배포하고, 언론 브리핑을 하기도 한다. 그래서 우리는 '동물권행동 카라'의 망원동 센터로 출장을 가서 우리 안에 대해 지지와 홍보를 부탁하기도 했고, 코로나 대유행으로 무기한 연기되었지만, 법안 홍보를 위한 법무부 주최 행사를 계획하기도 했다. 동물의 비물건화 민법 개정안은 이러한 과정들을 하나하나 거쳐서 드디어 국회 제출까지 되었다. 6월 입안부터 10월 국회 제출까지 걸린 4개월의 시간보다, 국회 본회의 통과까지 앞으로 걸릴 시간(사안마다 다르지만 보통 6개월 이상이 소요되는 것 같고, 통과도 쉽지 않다고 한다)이 더 길고 힘들겠지만 "천천히 그러나 분명히 우리는 답을 찾을 것이다. 늘 그랬듯이."

동물은 물건이 아니다….
그래서?

동물이 물건이 아니라는 선언도 물론 중요하지만, '동물이 물건이 아니라서 뭐 어쩌라는 거냐?'에 대한 대답이라고 볼 수 있는 후속 입법이 뒷받침되어야 위 규정의 실효성이 확보될 것이다. 우리는 이번엔 의원실과 협조하여 '의원입법'으로 동물의 비물건화 후속법안을 진행하기로 하였다. 한마디로 의원실(아무래도 여당 의원일 확률이 높다)에 찾아가서 우리가 개정하고자 하는 법안의 필요성과 그 구체적 안에 대해 브리핑을 하여, 의원으로 하여금 10인의 찬성을 모아 그 안을 발의하도록 설득하는 것이다.

동물의 비물건화 선언 규정에서는 모든 동물을 그 대상으로 하였다면, 이번 후속법안의 대상은 '반려동물'로 설정하였다. '반려인과의 정서적 유대'에 초점을 두고, 반려동물이 타인의 행위로 다치거나 죽게 되었을 때 그 치료비나 위자료(반려인의 정신적 손해)를 청구할 수 있는 민법 규정과 반려동물의 압류를 금지하는 민사집행법 규정을 신설하는 내용이기 때문이다. 그 '반려동물'이 무엇인지에 대해서는 수없는 토론과 고민을 거듭했다. 반려동물에 대한 정의 규정이 이미 다른 법에 있는데 그 개념을 차용할 것인지 새로 정의할 것인지, 새로 정의한다면 어떻게 규정하면 좋을지가 문제였다.

동물보호법은 "반려동물"을 '반려(伴侶) 목적으로 기르는 개, 고양이 등 농림축산식품부령으로 정하는 동물'로 정의하고 있고(제2조제1호의3), 농림축산식품부령(동물보호법 시행규칙) 제1조의2에서는 그 범위를 '개, 고양이, 토끼, 페럿, 기니피그 및 햄스터'로 정하고 있다. 하지만 반려인과 정서적 유대가 있어서 치료비와 위자료를 청구하고 압류를 금지할 필요가 있는 동물이 오로지 '개, 고양이, 토끼, 페럿, 기니피그, 햄스터'에 한정될 리 없다. 그래서 우리는 동물보호법과 별도로 민법에서 반려동물의 개념을 새로이 정의하기로 하면서도, 그 종을 한정적으로 열거하지 않고, '정서적 유대' 등의 표지를 설정하기로 하였다.

우리 진주는 동물보호법상의 반려동물(반려목적으로 기르는 개)에 해당하지만, 내가 최근에 즐겨보고 있는 한 유튜버의 '아가들'은 동물보호법상의 반려동물에 해당하지 않는다. 바로 '앵무새 사남매 루몽다로(김루이, 김몽몽, 김다정, 김로미)' 이야기다. 네 마리의 '새린이'들 중 압권은 언어 천재 김루이인데, 루이의 명대사는 "유정아(현재 대학생인데, 고등학생일 때 어머니가 딸에게 하던 잔소리를 루이가 기억하고 아직도 따라한다) 핸드폰 꽂아놓고 영어숙제해라" "하나님 감사합니다, 예수님 찬양!(세계 최초 종교가 있는 앵무새)" "잘해구와(가족들 나갈 때 배웅)" 등등이 있다. 루이는 엄마와 있는 시간이 제일 많은지 주로 엄마의 목소리를 따라 하는데 목소리와 문장만 의미 없이 따라하는 것이 아니라 그 말이 무슨 뜻인지를 알고 실제로 소통하기도 한다. 예를 들어, A/S 방문 기사님이 전동 드릴을 꺼내면 "어후, 무서워"라고 하질 않나, 누가 루이를 부르면 "네, 갑니다!"라고 외치기도 하고, 루이가 제일 좋아하는 아빠가 안 보이면 "아빠 어디 갔어, 아빠 없어" 하며 아빠를 찾는다. 구독자 13만 명을 보유하고 있는 이 유튜버는 루몽다로 사남매를, 내가 진주를 키우는 것과 같은 마음으로, 분명 사랑으로 키우고 있다. 매일 예수님을 찬양하는 루이가 유독 좋아하는 문장은 주기도문이라고 하는데(계속 말해 달라고 루이가 엄마 손가락을 부리로 톡톡 친다), 루이가 깃털병변(면역질환)이 생겼을 때 엄마가 루이를 놓고 매일 기도했기 때문이란다. 기도와 사랑으로 키우고 있는, 정서적 유대가 있는, 루몽다로가 반려동물이 아닐 리 없다.

타인의 물건을 고장나게 한 경우 그 손해배상액은 수리비가 될 것이나, 수리비가 그 물건값보다 많이 든다면 통상적으로는 물건을 하나 새로 사주는 값, 즉 교환가치를 배상하면 될 것이다. 그러나 동물은 물건이 아니다. 그래서 반려동물을 다치게 했다면, 그 치료비 상당의 손해배상액은 동물의 교환가치를 초과하더라도 인정될 수 있어야 한다.

친한 동생이 키우는 요크셔테리어 강아지 '콩이'는 어렸을 때 죽을 뻔했던 적이 있다. 산책하다가 맞닥뜨린 다른 집 개(진돗개)가 콩이를 물어서, 콩이 폐가 뚫려 병원에서도 포기하라고 하는 정도였고, 수술비도 200만 원 상당으로 어마어마했다. 그 수술비를 진돗개 주인에게 얘기하니까 들은 말이 "그거 개 값 얼마나 하냐, 개 똑같은 거 하나 사주겠다"였다고 한다. 처음에 동생네 가족들은 같은 동네 사람이니까 좋게 넘어가려고 하셨다는데, 개 한 마리 새로 사준다는 이야기를 듣고 소송까지 준비하려 했다. 다행히 그 진돗개 주인의 자식들과 이야기가 되어 수술비를 받았고, 그 후의 치료비는 동생네가 감당하였는데 (수술비까지 총 300~400만 원 정도의 치료비가 들었다), 콩이는 27만 원에 분양한 아이다. 감사하게도 콩이는 건강을 회복했고, 그 때도 지금도 동생네에게 그 어떤 것과도, 27만 원으로 분양받을 수 있는 다른 어떤 강아지와도 바꿀 수 없는 가족이다.

시간을 생각한 시간

사공일가 백서의 출간이 결정되면서 원고를 써보자는 권유를 받고, 심의관님께 차마 말씀드리지 못한 사실 하나가 있다. 내가 제일 못하는 것 중 하나가 '내 생각을 말이나 글로 표현'하는 것이다. 이것은 친구들 사이에서 유행하고 있는 MBTI 성격유형과도 연관이 있다. 나는 16가지(알파벳 네 글자 $2 \times 2 \times 2 \times 2$) 성격유형 중 'ISTJ'유형으로, 그중 두 번째 알파벳 'S'와 관련된 성향이다. '감각형 S'는 '직관형 N'에 대비되는 성향으로서, '상상과 예견'보다는 '현재와 경험'에 중점을 둔다. 애초에 (내가 관심 있는 것이 아닌) 어떤 것을 마주했을 때 오감을 통해 그대로 받아들이는 편이고 딱히 그에 대해 궁금한 점, 느낀 점이나 깊은 생각이 '없다'. 공연이나 영화를 보거나 책을 본 후, 음악을 듣고 난 후에도 느낀 점은 '좋았다, 감동적이었다, 재밌었다'가 전부이다.

이렇게 '생각 없는' 나에게 '자기 생각을 적은' 에세이를 써 오라니 너무 막막했고, 에세이가 도대체 무엇이며 어떻게 쓰는 것인지 감도 잡히지 않아서 정보 수집이 필요했다. 여러 권의 에세이를 읽어보고 드디어 노트북을 열었지만 한 문장 한 문장 써 내려가기가 영 쉽지 않다. 글에 내 생각을 담아보기 위해 진주와 처음 만난 시간, 진주와 언젠가 헤어질 시간, 법무심의관실에 처음 와서부터 지금까지의 시간을 되짚어보았다. 하루하루 살아낸 시간이 흘러 이제 와 하나의 글이 된 것은 나에게 아주 새롭고 짜릿한 경험이다. 내 생애 최고의 시간을 함께해온 진주가 물건이 아닌데 물건으로 취급되는 일이 없길 바라며, 꼭 필요한 법 개정에 참여할 수 있었던 시간을 생각해보고 글로 담게 되어 영광이다.

다섯 주인님과
산다는 건

이민진(법무심의관실 변호사)

다섯 주인님이 사는 집

우리 집은 사람보다 고양이가 많다. 하나 둘 집에 찾아온 손님들을 마다하지 않고 받다 보니, 어느덧 다섯 주인님을 모시는 집사가 되었다.

가장 처음 우리 집에 온 고양이는 '랑이'다. 랑이를 데려올 때만 해도 고양이에 대한 인식은 지금 같지 않았다. 반려동물은 강아지가 주류였던 시절이라, 고양이를 키운다고 하면 "눈이 뱀 같아서 무섭지 않아? 꼬리가 너무 징그럽지 않아?"라는 질문을 종종 받곤 했다.

고양이와 함께 살게 된 계기는 아주 단순하다. 우연히 보게 된 새끼 고양이 사진에 단박에 반해버렸고, 오로지 '귀엽다'는 감정 하나에 지배당해서는 다른 모든 건 차치해둔 채 다음 날 바로 랑이를 데려왔다. 부모님의 반대도 귀에 들리지 않았다 (당시에는 고3이라는 무적의 신분을 가진 상태였다).

고양이를 데려올 수 있는 곳이라면 펫샵(pet shop)밖에 모르던 무지한 시절이었으므로, 랑이를 처음 만나게 된 곳도 역시 펫샵이었다. 새끼 호랑이같이 생긴 손바닥만 한 고양이가 첫눈에 들어왔다. 똘망똘망한 것이 아주 야무지게 생겼었다. 사물함 정도 크기의 작은 칸 안에서 자기 오빠 밥을 뺏어 먹느라 정신없던 랑이의 모습이 아직도 생생하다.

고양이를 키우겠노라고 부모님께 통보한 후 펫샵에 가기까지의 그 짧은 과정이 뒤죽박죽 정신없는 기억으로 남아 있는데, 계약서를 작성하던 순간 브리더(breeder)가 한 말만큼은 아직 잊지 못한다.

"못 키우겠으면 다시 데려오세요. 어떤 사람은 고양이 발에서 발톱이 나오는지 몰랐다며 징그럽다고 계약 직전에 그냥 돌아가기도 했어요."

그 말을 들었을 때, 나는 꽤나 큰 충격을 받았다. '아무리 그래도 생명인데. 한낱 장난감 정도로 생각하는 건가' 하면서 말이다. 그런데 지금 생각해보면 나도 그와 다를 것 없이, 어쩌면 더 대책 없고, 무책임했고, 충동적이었다.

졸졸 쫓아오다가도 1초 만에 머리를 앞으로 콩 박고 잠에

들 정도로 어린 시절, 무지한 초보 집사 품에 홀로 떨어진 랑이는 참 고생이 많았다.

랑이의 고생기를 적자면 끝도 없다. 처음에는 랑이가 '우다다'하는 것을 보는데, 어디가 아프고 불편해서 그러는 줄로만 알았다(원래 고양이들은 한 번씩 놀다가 흥분하면 미친 듯이 뛰어다닌다. 지금은 모두가 아는, 아주 흔한 상식이다).

한번은 랑이와 산책을 가보겠다고 유모차를 샀다. 몸줄을 매주고 유모차에 태워 집 앞에 나가 산책로 위에 올려놓았더니 랑이는 그대로 얼음이 되어 단 한 발자국도 움직이지 않았다. 찾아 보니 고양이는 영역 동물이라 산책 같은 건 하면 안 되는 것이었다. 심지어 랑이는 발에 작은 먼지라도 묻으면 미친 듯이 털고 그루밍(grooming)을 하는, 그중에서도 유난히 깔끔 떠는 고양이였다.

이렇듯 사실 처음에 우리는 서로 어딘가 좀 어색했다. (물론 랑이는 나보다 훨씬 고단했겠지만) 나도 고양이와 살아보는 것이 처음이었고, 랑이도 사람과 살아보는 것이 처음이었으니 당연한 일일지도 모르겠다. 지금과 같이 우리가 떼려야 뗄 수 없는 사이가 될 수 있었던 건 지지고 볶으며 함께한 9년간의 세월 때문일 것이다.

앞서 잠시 언급했듯, 랑이가 처음 왔을 때 나는 고3 학생이었다. 참 신기하게도 내가 공부를 하기 시작하면, 랑이가 어느새 책상에 올라와 스탠드를 베개 삼아 누워서는 하루 종일 옆을 지켜주었다. 그때를 기점으로 로스쿨을 졸업한 작년까지, 랑이는 한결같이 나와 함께 책상에서 공부를 했다. 시험 기간이 끝나거나 방학 기간이라 공부를 잠시 쉬면 왜 공부를 하지 않느냐는 듯 갸우뚱거리며 책상 앞에 가만히 서서 누워 있는 나를 쳐다보고는 했는데, 그게 나에게 상당한 압박감을 주기도 했다. 그렇게 내가 졸업하던 날, 랑이도 함께 학사모를 쓰고 졸업했다. 이제는 약속이라도 한 듯 우리 둘 다 책상 근처는 얼씬도 하지 않는다.

고양이에 대한 0%의 지식을 가지고 시작해 랑이와 함께 살면서, 내가 처음 랑이를 데려온 과정이 얼마나 무모한 짓인지 깨달았다. 다시 돌아간다면 절대 그렇게 무책임하게 데려오지는 않을 것이라고 다짐하는 한편, 불쌍한 동물 한 마리라도 더 좋은 곳에서 살 수 있도록 해주고 싶은 마음이 들었다. 그렇게 둘째부터 다섯째까지는 각각 박스에 담겨 버려진 새끼 고양이, 길에서 어미를 잃은 새끼 고양이, 괴롭힘 당해 길 구석에만 숨어 지내던 고양이, TNR(고양이 중성화 수술)이 잘못되어 죽어가던 고양이의 자리가 되었다. 그 후로 펫샵은 쳐다도 보지 않았다.

다섯 마리쯤 되면, 사람 집에 고양이가 사는 것이 아니라 고양이 집에 사람이 사는 것이다. 집 안의 모든 것들이 고양이에 맞춰 돌아간다. 가구는 고양이들이 맘껏 지나다닐 수 있도록 바닥에서 떠 있는 것들로 이뤄져 있고, 고양이가 침대를 차지하면 우리는 옆에 구겨져 자거나 바닥에서 잔다. 사람 가족

셋이 여행을 간 건 기억도 나지 않을 만큼 오래전 일이다. 가끔 밥을 먹다 보면 입에서 털이 나오는 건 예삿일이라, 우스갯소리로 우리도 곧 헤어볼(고양이가 그루밍을 하며 삼킨 털뭉치)을 토할 지경이라고 말하곤 한다. 흔히들 고양이는 조용하다고 하지만 사실 아주 시끄러울 때가 있다. 그럼에도 불구하고 내 방문은 언제나 열려 있다. 공부할 때, 일할 때, 잠잘 때 불문. 주인님들께서 방문 닫혀 있는 꼴을 못 보시기 때문이다. 홀로 고독을 즐길 시간이란 사치일 뿐이다.

이런 일들이 번거로울 때도 있고, 사고치는 걸 보면 가끔 속에서 화가 끓어오를 때도 있지만, 고양이들과 함께 살게 된 걸 단 한 번도 후회한 적이 없다. 어떤 대상을 사랑하게 되면 어떤 감정을 느끼게 되는지 순간순간 깨달으며, 생명을 책임진다는 게 얼마나 무거운 일인지 매일 절실히 체감한다.

이렇게 나의 다섯 고양이는 집에 들어온 순간부터 너무나도 당연하게 우리 가족의 일원이 되었다. 그래서였을까? 지금 생각해보면 고양이와 함께 한 지난날은 '사랑한다' '귀엽다'와 같은 감정에만 매몰되어 살던 시간이었던 것 같다. 고양이들이 잘 먹고 잘 자는 모습을 보는 것에 행복을 느꼈고, 그것만으로 충분했다. 고양이를 다섯 마리나 키우고 있는 사람이라면, 동물을 사랑하는 마음을 바탕으로 더 넓은 시야를 가질 법도 했는데 부끄럽게도 그러지 못했다. 아니, 깊게 생각하면 불편해지니까 외면했다고 보는 편이 맞을 것이다. 그러니 어쩌면 당연하게도, 3년간 고양이를 옆에 끼고 법을 공부하면서도 나는 우리 고양이들이 법적으로는 물건으로 취급받고 있다는 사실에 대해 문제의식조차 갖지 못했다.

그런데 지난 6월을 기점으로 많은 변화가 있었다.

"집사야, 우리를 위해 고생했어!"

변호사 합격 발표가 나고 대한변호사협회 취업정보센터 채용공고를 뒤적거리던 중, 눈에 띈 공고가 있다. 동물 전문 변호사를 구하는 공고였는데, "동물 키우는 사람 우대"라고 적혀 있었다. '나는 프리패스겠는 걸?'이라는 생각에 마음이 아주 크게 동했지만, '아냐, 이미 삶이 동물로 가득한데 일까지 동물 관련된 건 아니지'라며 잠시나마 혹한 마음을 다잡았다.

그렇게 약 한 달이 지난 6월, 나는 법무심의관실에서 일하게 되었다. '법령 검토하는 일을 하겠지' 하고 막연하게 생각하며 인생 첫 출근을 했다. 그런데 내 예상과는 달리 내가 처음 맡게 된 일은 민법을 개정하는 일이었다. 그것도 동물 관련된 일을 말이다. 그래 이쯤 되면 이건 운명이다 생각하며, 내심 좀 신이 나기도 했다.

이 소식을 들었을 때 나보다도 좋아했던 사람은 우리 엄마다. 남들은 다섯 마리를 키운다고 하면 대단하다고들 하는데,

그럴 때마다 나는 '내가 그런 말을 들을 정도인가?'라는 생각에 어딘가 좀 부끄럽고 불편한 기분이 든다. 그런데 엄마는 나와 다르다. 6월에 있었던 '동물권행동 카라'와의 미팅 당시, 활동가 분 개인이 사비를 들여 길거리 동물들을 구조하는 사례를 든 적이 있는데, 엄마가 딱 그런 사람 중 하나다. 비가 오나 눈이 오나, 본인이 아파도 매일 시간 맞춰 길고양이에게 밥을 주고, 다친 고양이가 생기면 병원에 데려가 치료도 해준다. 이른바 '캣맘'이다. 그렇게 몇 년이 지난 지금, 우리 집이 맛집으로 소문났는지 매일 집 앞에서 고양이 반상회가 이뤄진다.

이번 늦봄에 우리 집 창고에 네 마리의 새끼들이 나타났다. 동네를 주름잡는 치즈색 수컷 고양이가 살고 있었기에 네 마리 모두 치즈색인 것은 놀랍지 않은 일이었다. 처음에는 다들 비실비실해서 오래 살지 못할 것 같아 보였는데, 그 아이들은 엄마의 보살핌 덕에 몇 달 후 건강하게 창고 밖으로 진출(?)하는 데 성공했다.

그런데 얼마 전, 그 형제 중 하나가 집 앞 골목에서 로드킬 당한 채로 발견되었다. 그 더운 여름도 이겨낸 아이인데 그렇게 한순간에 무지개다리를 건넜다. 아침에 발견했을 때는 그런 일이 있고 오래 지나지 않았는지 아직 몸에 온기가 남아 있었다. 한 달 사이에 목격한 두 번째 죽음이었다. 모두 로드킬로 인한 것이었다. 누군가에게는 살리고 싶어 밤낮으로 돌보던 소중한 생명이었는데, 누군가에게는 — 아마도 실수였겠지만 —

차로 치고 그냥 길에 두고 떠날, 딱 그 정도의 생명일 뿐이었다고 생각하니 하루 종일 복잡한 마음이 들었다.

내가 이번 개정안에 참여하게 된 시점은 이미 어느 정도 안이 확정되었을 때였다. 그래서 처음 딱 "동물은 물건이 아니다"라는 조항을 민법에 신설할 것이라는 이야기를 들었을 때, 이렇게 선언한들 뭐가 그리 달라질까라는 생각이 먼저 들었던 게 사실이다. 실제로 입법예고 기간에 제시되었던 의견들을 보면, 개정안이 선언적 조항에 불과한 소극적 입법으로서 보여주기 식에 불과하다는 의견도 있었다.

그러나 6월 입안보고를 시작으로 보도자료를 준비하고, 입법예고를 하고, 각종 영향평가를 준비하는 수많은 과정을 거치며 한 가지 확신하게 된 건, 이번 개정안이 우리 사회에 꼭 필요한 일이고 생각보다 큰 파장을 일으킬 수 있다는 것이었다. 당장 내가 최근에 겪은 사건만 해도 무관하지 않다. 동물이 물건이 아니라면, 로드킬을 당했을 경우 도로교통법상 구조의무가 발생할 가능성이 열리게 된다. 그렇게 된다면 더 많은 생명을 살릴 수 있다. 이것 역시 극히 일부일 뿐이다. 법무부에서 현재 준비하고 있는 후속법안과 같이 반려동물 상해로 인한 치료비 등이 교환가치를 초과하여도 손해배상액으로서 인정될 수 있고, 더 이상 채무자의 반려동물을 압류하지 못할 수도 있다. 동물 학대자의 소유권을 제한하는 규정이 신설될 수도 있을 것이다. 이건 처음 입안 준비를 하면서는 생각지도 못했던 부분인데, 개정안의 입법예고 이후, 펫보험 시장에서도 활발한 논의가 일어나고 있다고 한다. 개정안은 10월 1일, 국회에 제출되어 국회 통과만을 앞두고 있다. 언뜻 보면 선언적 조항에 불과해 보이는 민법 제98조의2가 국회에서 통과되어 신설된다면, 이를 토대로 논의가 꼬리에 꼬리를 물어 무궁무진한 제도들이 제안될 수 있을 것이다.

개정안 준비를 마무리하며, 문득 나 혼자 미안한 기분을 느낀 적이 있다. 동물은 그 자체로 존재하고 있을 뿐인데, 인간이 제 입맛에 맞춰 물건이네 아니네, 이리저리 규정짓고 있다는 생각이 들었을 때다. 나의 다섯 주인님은 뭐라고 할까? "너희가 뭔데? 너희가 우리를 뭐라고 부르든 우리는 오랜 세월 너희와 함께 살아온 존재야"라고 할까?

그래도 집사인 나는 나의 다섯 주인님에게 이런 말을 듣고 싶다.

"집사야, 우리를 위해 고생했어!"

다섯 주인님을 위한 일

최근에 SNS를 하면서 개정안을 지지하는 수많은 글을 보았다. 살면서 내가 참여한 일을 생면부지의 다수로부터 대외적인 지지를 받는다는 것은 흔치 않은 경험이라고 생각한다. 그러한 경험을 변호사가 된 지 반년 만에 겪게 될 줄은 몰랐는데, 어색하면서도 뿌듯한 기분이었다.

내가 처음 변호사를 꿈꾸게 된 이유는 단순히 나와 내 가족, 내가 아끼는 사람들의 권리를 지켜주고 보호하고 싶어서였다. 그런데 뜻하지 않게도, 내가 변호사로서 간접적으로, 어쩌면 직접적으로 내 가족의 일부인 우리 고양이들을 위한 일도 할 수 있게 되다니. 법무심의관실에서의 수습 기간이 끝나가는 지금 감회가 참 새롭다(랑이가 이래서 그동안 나의 공부를 적극 지지한 것일까 하는 우스운 생각도 잠시 해보았다).

지난 4개월간, 입안보고에서 시작해 국회에 법안을 제출하기까지 참 많은 생각과 고민을 했다. 나의 다섯 주인님을 생각하며 일을 할 수 있다는 것은 꽤 매력적인 경험이었다.

나와 나의 다섯 주인님이 같은 생명체로 인정받는 세상에서 함께 살아갈 수 있길 기대한다.

식빵언니가
친양자 입양을 한다면

김은혜(법무심의관실 연구위원)

2021년 최고의 스타 김연경

지금으로부터 7년 전, 한국에서 구하려고 해도 구할 수 없는 과자가 있었는데, 그것은 바로 허니버터칩이다. 2014년 최고의 '힙스터'는 '인터스텔라를 3D 상영관에서 보며 허니버터칩을 먹고 있다'라는 우스갯소리가 페이스북에서 수만 개의 '좋아요'를 받곤 했다. 그로부터 7년이 지난 지금은 식빵이 인스타그램에서 수천수만 개의 '좋아요'를 받고 있다. 그냥 식빵이 아닌, 배구황제 '식빵언니' 김연경이 광고하는 식빵이 그렇다.

원래도 세계 랭킹 1위, 월드클래스로서 그 위상이 드높은 김연경 선수였지만, 올해 도쿄올림픽에서 매 경기마다 '배구황

제'의 존재감을 드러내며 중요한 순간마다 기막힌 수비와 정확한 득점을 해내는 김연경 선수의 활약을 보며, 나도 일상에서 멋진 '득점'을 하고 싶다는 생각으로 활력을 얻을 수 있었다.

올림픽이 끝난 후에도 김연경 선수의 인기는 계속되고 있다. 많은 예능 방송에서 배구 실력만큼 뛰어난 예능감을 대중 앞에 선보이고, 다양한 광고에 출연하며 2021년 최고의 스타 중 한 명임을 입증하고 있는 것이다. 181만 명의 인스타 팔로워 수, 그녀의 사진으로 만든 스티커가 동봉된 식빵의 출시, 6종류의 스티커를 모두 모으기 위해 김연경 식빵을 여러 번 사고 있다는 여러 후기가 그녀의 인기를 새삼 실감하게 한다.

김연경이 왜 친양자 입양을 못해

김연경 선수는 MBC 예능 프로그램 〈나 혼자 산다〉에 출연해 '비혼주의자'라고 대답해 화제가 되었다. 결혼이나 연애에 대해 계속되는 질문이 귀찮아서 그렇게 대답하고 있다고 한다. 그렇다면, 김연경 선수가 계속 비혼으로 살면서 미성년자를 입양하여 가정을 꾸리고 싶어졌다고 가정해보자. 이런 그녀가 그 미성년자를 '친양자'로 입양(친양자 입양이란, 입양될 사람의 친생부모와의 관계를 종료시키고, 양부모와의 친족관계만을 인정하는 입양제도)하려고 한다면 가능할까?

정답은 ×이다. 우리 《민법》 제908조의2제1항제1호는 혼인 중인 부부만이 친양자 입양을 할 수 있다고 규율하고 있기 때문이다. 과연 김연경 선수가 친양자 입양을 하려는 것을 법적으로 제한하는 것이 적절한가? 1인가구이지만, 여러 TV 광고의 모델이자, 멋진 신형 캐딜락 자동차를 후원받는 21세기 최고의 스포츠 스타이며, 2019∼2020 시즌에 터키에서 20억에 달하는 연봉을 계약하여 배구계 연봉 역사에 신기록을 세운 바 있는 그녀의 친양자가 될 사람은 '금수저'가 될 것임에 틀림없다. 또, 배구 경기, 방송에서 드러나는 그녀의 훌륭한 인품이나, 잘 풀리지 않는 경기에서도 팀원들에게 "해보자!"라고 말하며 사기를 북돋우는 그녀의 카리스마는 부모로서 최고의 롤모델이라고 할 것이다. 이런 그녀에게 친양자 입양을 할 자격이 법적으로 제한되고 있다는 것은 의아하지 않을 수 없다.

사실 이러한 의문은 꽤 오래전부터 제기되어오고 있었다. 2009년의 일이다. 미혼 여성으로 의사인 A는 가족처럼 가까이 지내던 B(男)가 2005년에 사망하자, B의 처인 C, B와 C의 자녀들인 D, E와 가까이 지내며 양육비, 생활비를 지원하는 등 가족 같은 관계를 유지했다. A는 C와 상의하여 자녀들의 복리를 위해 D, E를 친양자로 A에게 입양하려 하였으나, A가 미혼이라는 이유로 가정법원은 그 입양허가청구를 각하하였다. 이에 A는 혼인 중인 부부에게만 친양자 입양을 허용하는 민법의 규정에 대해 위헌법률심판제청을 신청하였고, 이를 받아들인 법원이 헌법재판소에 위헌법률심판을 제청하였다. 이에 대해 2013년에 결정을 내린 헌법재판소는 5:4로 의견이 나뉘었고, 위헌이라는 의견이 5인으로 다수 의견이었으나 법률이 위헌으로 결정되기 위해서는 6인의 정족수가 필요하여 위 민법 규정은 위헌으로 선언되지는 못하였다. 그러나 혼인하지 않은 독신자에게 친양자 입양의 자격을 봉쇄하는 현행 민법 규정이 1인가구에 대한 평등권 및 가족 생활의 자유 침해라는 다수 의견의 요지는 매우 설득력이 있다.

혼인 중인 부부도 사별·이혼 등의 이유로 사후적으로 1인가구가 될 수 있고, 혼인 중인 기혼자가 입양한다고 친양자가 될 사람의 복리를 담보할 수 있는 것은 아니다. 또한, 형식적으로 부모의 수가 1인인지 2인인지보다는 양육에 적극적인 태도를 가지고 있는 부모가 있는지, 경제적·사회적 능력을 바탕으로 양육보조인의 도움을 받을 수 있는지와 같이 실질적인 사정으로 양질의 양육환경을 제공할 수 있는지 여부를 판단함이 옳다. 나아가, 현재 미성년자를 입양하기 위해서는 반드시 가정법원의 입양 허가 절차를 거쳐야 하는데, 그 절차에서 가정법원이 양부모가 되기에 적합한 사람인지, 양질의 양육환경을 제공할 수 있는지 개별적으로 심사할 수 있다는 것이 헌법재판소의 다수 의견이다.

그렇다면 우리도 "해보자!"

이러한 헌법재판소 다수 의견의 취지에 따라 법무심의관실에서는 1인가구의 친양자 입양을 허용하는 안을 "해보자!"며 만들기 시작하였다. 그런데 한 가지 우려에 부딪히게 되었다. 편친가정에 대한 편견이 팽배하고, 또 둘이서도 아이를 잘 키우기 쉽지 않은 현실에, 과연 1인가구에게 친양자 입양을 허용하는 것이 친양자가 될 미성년자의 복리를 충분히 보장할 수 있느냐는 것이었다. 내가 이러한 법안을 준비하게 되었다고 가족들에게 이야기하자, 부모님께 가장 먼저 들은 코멘트도 이것이었다. 두 살 아기를 키우는 계신 나의 팀장님과, 두 아이의 아버지이신 심의관님 모두 이 부분에 대한 걱정을 드러내셨다.

이러한 우려를 잠재우기 위해 나와 심의관님, 팀장님, 그리고 우리 실 가족법 전문가이신 사무관님은 머리를 맞대고 다양한 방법을 모색하기 시작했다. 민법의 입양 허가 요건에 '일 가정 양립 가능성'과 같은 요건을 넣는 안과 같이 입양 허가 요건을 보다 정밀히 규정하는 안, 입양 허가 시 사실 조사를 할 수 있는 근거 규정을 넣자는 안 등 여러 가지 안이 제시되었다. 안은 다양했지만 우리의 목표는 동일했다. 매우 한정적이었던 기존의 친양자 입양의 형식적인 자격요건을 완화하되, 보다 엄격하게 입양 허가를 하여 친양자의 복리를 실질적으로 담보할 수 있는 제도를 마련하려는 것이다. 그래서 이번 친양자 입양제도의 골자는, ① 1인가구의 친양자 입양을 허용하고, ② 입양 허가 시 가정법원이 고려해야 할 요건을 이전보다 명확하게 규정하고, ③ 가사소송법에 입양 허가 시 입양을 할 사람이나 입양 후의 환경에 대해 사실 조사를 할 수 있는 근거 규정을 넣는 것이 될 것이다.

이번에 친양자 입양제도 개선안을 준비하며 입양제도에 대해 많이 공부할 수 있었다. 특히 우리나라 입양제도의 연혁과 개별 규정마다의 입법취지에 대해 자세히 살펴볼 기회가 있었는데, 그 과정에서 1995년도 법무부 민법개정위원회의 회의록도 열람하게 되었다. 나는 1995년생이다. 내가 태어난 해에 기라성 같은 교수님들께서 친양자제도의 도입에 대해 논의하는 현장이 담긴 회의록을 읽어보는 것은 아주 신기하면서도 벅찬 경험이었다.

회의록에서 정한 친양자 입양의 초기 모습과 현행 민법상 친양자 입양제도는 거의 다르지 않다. 기본적으로 일정 기간 이상 혼인 중인 부부가 아이를 친양자로 입양해야 자녀의 복리를 충분히 보장할 수 있다는 전제하에 논의된 것이기 때문이다. 그렇지만, 회의가 개최되었을 당시에 태어난 아기는 지금 27세로 대학과 로스쿨 졸업 후 어엿한 사회인이 되었다. 강산은 이미 두 번 변하고, 곧 세 번째 변화를 기다리고 있다. 이제는 변화된 사회 현실에 맞도록 제도의 재정비가 필요한 시점이라고 생각한다.

신입 변호사의 책임과 꿈

나의 첫 직장에서, 처음으로 참여하게 된 프로젝트인 1인가구 TF는 몇 년이 지나도 잊지 못할 것 같다. 오후 8시에 긴급 회의가 소집되고, 회의가 끝난 저녁 9시부터 자정에 가까운 시간까지 함께 일하는 법무관님과 브리핑 자료와 대본을 만든 기억, 1인가구 TF 회의 안건 발굴을 위해 머리를 맞대고 회의한 기억, 매 회의 때마다 안건에 대해 긴장되는 마음을 억누르며 브리핑을 하던 기억…. 드라마나 영화에서 '신입 공무원'이 되면 하는 멋진 일과 비슷하기도 하여 설레면서도, 나의 힘으로 제도 개선에 영향을 끼칠 수 있다는 것에 막중한 책임감을 느끼기도 했다.

또한, 이 글도 나에게는 큰 의미가 있는 일이다. 사실 나의 오랜 꿈은 작가였다. 고등학교 1학년 때까지 늘 작가를 장래희망으로 제출했던 기억이 난다. 그렇지만 입시에 치여 정답을 맞히는 공부를 하다 보니 나날이 재미없어지는 나의 글을 보며, 냉정하게 재능이 없다고 판단했다. 그렇게 작가의 꿈은 마음속에만 간직하게 되었다. 아쉽게 접었던 꿈을 이렇게 백서를 통해 이뤄볼 수 있어 뿌듯하고, 지면을 빌려 1인가구 TF 회의 및 위 백서의 기획을 총괄해주신 정재민 법무심의관님께 감사의 인사를 전하고 싶다.

덧붙여서, 아직 미숙한 새내기 변호사인 나에게 하나하나

가르쳐주시며 꼼꼼히 지도해주신 최고의 팀장님 김상이 서기관님, 가족법 전문가로서 늘 정곡을 찌르는 조언을 주신 김민지 사무관님, 함께 1인가구 TF의 순항을 위해 노력한 모든 정부위원들과 늘 번뜩이는 영감을 주신 시민위원님들에게도 감사의 인사를 전한다.

유류분제도의
개선방향

주형준(법무심의관실 법무관)

  '유류분'은 일정한 범위의 법정상속인의 법정상속분의 일정비율을 의미하는 것으로, 상속인에게 인정되는 권리이다. 유류분은 상속인의 권리이지만, 상속인이 정작 법으로 규정된 상속분을 보장받지 못할 때 비로소 현실적 의미를 갖게 된다. 예컨대 자식들이 고인의 상속인이고 고인의 배우자가 계시지 않아 자식들이 유일한 (공동)상속인인데 고인이 특정 자식에게만 모든 상속재산을 물려주기로 유언을 남긴 경우, 나머지 자식들은 본래 받을 것이라 기대했던 최소한의 상속재산조차 받지 못하게 된다. 이때 상속인이 기대할 수 있었던 최소한의 상속재산에 대한 권리가 유류분이며 고인의 직계비속과 배우자는 상속분의 절반을, 직계존속과 형제자매는 상속분의 3분의 1을 유류분으로 보장받는다. 유류분을 받지 못한 상속인은 그 유류분이 침해된 부분에 대한 반환을 청구할 수 있게 된다. 유류분 반환 청구는 고인이 특정 상속인에게만 상속재산을 주어 다른 공동상속인의 유류분이 침해된 경우와 상속인 아닌 제3자에게 상속재산을 주어 상속인의 유류분이 침해된 경우 모두 가능하다. 이러한 유류분제도가 보장하는 상속인의 권리는 고인의 의사보다도 우선된다.

유류분은 다른 근대 법제도와 마찬가지로 우리 고유의 법제로부터 발전한 것이 아니라 외부에서 이식된 것이다. 조선시대에는 '난명'이라 하여 상속인의 법정·균분상속에 대한 기대를 저버린 유언의 경우 그 효력을 부정하는 법리가 있었으나, 이는 상속인이 상속으로부터 기대할 수 있는 재산의 일정 비율에 대해 명확히 규정하는 것이 아니었다. 이후 일제강점기의 '조선민사령'은 일본의 법이 식민지 조선에 그대로 의용되는 것을 원칙으로 하면서도, 친족과 상속관계에 대해서는 조선의 관습을 따른다고 규정했다. 유류분은 일본 민법에 규정이 존재했지만, 조선의 관습이 아닌 것으로 보아 조선에는 적용되지 않았다. 이렇듯 상응하는 관습도 없고 일제강점기에 제도적으로 이식되지도 않았던 유류분은 우리 민법의 제정 당시에도 역시 도입되지 않았다. '유류분에 관한 확연한 관습이 없으며 이를 특히 입법하여야 할 필요도 없다고 인정되므로', 또한 미국에는 일반적으로 유류분에 관한 규정이 존재하지 않는 점을 참고해 유류분에 관해 규정하지 않은 것이다.

그러나 1977년의 민법 개정은 상속 편에 유류분제도를 도입하는 것으로 하였다. 그간 유류분의 도입을 의식적으로 거부했던 입법자의 결단이 바뀐 이유는 무엇일까. 해당 개정안의 제안 이유를 살펴보면, 여권 신장이 유류분 도입의 가장 큰 목적이었던 것으로 파악된다. 기존 인습에 젖은 피상속인이 아들 등 남성에게만 상속재산을 몰아주는 유언을 하여 남녀평등의 취지를 몰각할 것을 우려한 것이다. 법정상속인에게 상속재산의 일정 부분을 보장하려는 유류분제도 자체에 대해서는, 상속재산을 개인의 사유재산이라기보다는 '가문의 재산'으로 보는 관념에서 유래한 것이어서 봉건시대의 유물이라는 비판이 존재한다. 그럼에도 1977년의 민법 개정은 여성의 법정상속분을 남성의 그것과 동일한 비율로 변경하면서, 동시에 남녀를 불문하고 법정상속인에 대해 상속재산의 일정 비율을 보장하도록 하는 장치로서 유류분제도를 도입했다는 것이다. 또한 유언의 자유를 절대적으로 보장하여 재산을 전부 처분할 수 있도록 하면 피상속인의 배우자나 직계비속 등 유족의 생활이 어려울 수 있는 점, 상속재산이 피상속인 개인의 소유이기는 하나 통상 가까운 유족들의 유·무형의 기여로써 함께 이룩된 재산인 점을 고려해 그 기여의 청산을 보장해야 한다는 점 등이 함께 유류분 도입의 근거로 제시되고 있다.

한편 헌법재판소는 '유류분은 피상속인이 법정상속에서 완전히 벗어난 형태로 재산을 처분하는 것을 일정 부분 제한함으로써 가족의 연대가 종국적으로 단절되는 것을 저지하는 기능'을 갖는다고 하여, 가족적 연대를 유류분제도의 근거로 강조하고 있다. 남녀평등이 현대 가족제도의 당연한 기초임을 생각한다면, 유류분은 과거의 가족 관념에서 벗어나는 수단이면서 동시에 지나친 연대의 단절을 막는 장치인 셈이다.

그런데 도입으로부터 약 40여 년이 지난 지금, 유류분제도는 1인가구의 증가로 대표되는 사회 변화를 고려하여 그 구체적 내용을 개정할 필요가 있다. 우선 유류분의 권리자에 대해 개정을 고려해야 한다. 현재 한국 사회는 과거의 대가족제를 전제한 사회적 규범들이 해체되거나 변화하고 있다. 특히 가족 형태의 변화와 관련하여, 이촌향도와 핵가족화를 거친 한국 사회는 전체 가구의 약 30%가 1인가구에 해당한다. 유류분제도는 이러한 사회 변화를 반영할 필요가 있다. 경제적 공동체 차원에서 '가족의 연대' '가족적 연대'가 과거처럼 유지되고 있다고 보기 어렵다.

배우자를 제외한 상속인들은 고인과의 혈연을 매개로 고인의 재산을 물려받는 사람들이다. 그런데 과거처럼 형제자매가 협업하여 농사를 짓는 등 생계를 직계 외의 가족에게 의지하는 경우 자체가 줄어들었다. 또한 평균 초혼연령이 늘어나고 비혼주의가 확산되는 등 가족구성원 간 연대의 정도가 다양해지고, 동시에 고인의 상속재산에 유족(특히 형제자매)이 기여한 정도가 줄어드는 양상을 보이게 되었다. 그렇다면 단지 혈연관계라는 이유로 고인의 재산을 상속하는 게 당연한 일인지 의문이 늘어날 수밖에 없다. 고인이 생전 운영하던 기업체의 존속을 목적으로 특정인에게 기업을 승계시키거나 공익 목적으로 미술관에 예술 작품을 기증하는 등의 경우에는 이러한 의문이 더 강하게 든다. 원칙적인 관점에서 상속인의 유류분을 보장해야만 한다면, 고인의 자유의사를 제한하게 됨은 물론 기업의 승계 또는 공익 기부로 달성할 수 있는 사회적 편익을 고려하지 못하기 때문이다. 앞서 유류분제도가 남녀평등을 도모하기 위한 수단으로서 도입됐음을 생각한다면, 과거에 비해 사회적으로 남녀평등이 보편화된 점도, 유류분제도의 도입취지가 어느 정도 달성되었으니 보다 유연한 접근이 필요하다는 근거가 될 것으로 보인다.

또한 유류분 반환방법에 대해서도 개선을 시도할 필요가 있다. 현행 민법은 유류분 반환청구에 대해, '그 재산의 반환'을 구하는 것으로 규정하고 있다. 고인이 부동산을 남겼다면 부동산, 주식을 남겼다면 주식 등 상속재산 원물 자체를 돌려받도록 하는 것이다. 그러나 상황에 따라 상속재산 자체를 반환하기보다는 그에 상응하는 돈을 지급함으로써 유류분 반환을 대신하는 방법에 대해서도 생각할 필요가 있다. 예시로는 앞서 언급한 공익 기부 등의 사례를 들 수 있다. 만약 상속재산이 부동산이고 상속인이 여럿이라면, 원물의 반환으로 인해 부동산 지분이 여럿으로 나뉘어 해당 부동산의 관리·사용이 어렵게 되는 문제가 생길 수 있다. 유류분 반환청구의 소를 주고받는 사이의 상속인 사이라면 관계가 원만하지 못할 것이니 더더욱 돈으로써 문제를 해결하는 것이 간편할 수 있다.

사실 민법은 원물반환을 원칙으로 규정하지만, 법원에서 금전으로 반환하는 방법을 인정하고 있기는 하다. 판례는 원물반환이 불가능하거나 당사자들이 돈으로 유류분을 반환하는 것에 이의가 없는 경우에는 가액반환을 허용하고 있다. 그러나 이는 법에 규정된 방법은 아니라는 점, 유류분 반환청구는 원물반환을 구하는 것인데 법원이 임의로 돈으로써 반환하도록 하는 것은 당사자들의 명시된 권리·의사가 아니라는 점에서 입법 차원의 문제 해결이 필요하다.

이러한 문제의식에서 유류분제도의 개정은 유류분 권리자의 축소와 유류분 반환방법의 개선에 주력하였다. 유류분 권리자의 축소는 사회 변화의 반영과 더불어 고인의 자유의사가 보장되는 범위를 넓히는 의미가 있고, 유류분 반환방법의 개선은 상속인 간 유류분 분쟁을 보다 합리적으로 해결하도록 하는 의미가 있다. 2021년 5월 10일 개최된 사공일가 TF 제2차 회의에서는 유류분 권리자의 범위에 대해 주로 논의하였다. 사회 각계의 1인가구 혹은 1인가구였던 위원님들이 참석하여 좋은 의견들을 내어주셨다. 결론적으로는 형제자매만을 유류분 권리자에서 삭제하자는 의견이 다수였지만, 단순히 형제자매를 배제하는 데 그치지 않고 깊은 논의를 마주할 수 있었다. ① 유류분제도의 폐지를 지지하지만 법이 사회의 '틀'로 기능하기도 하는 점에서 유류분 권리자의 원천배제는 급진적인 것 같으므로 형제자매 유류분의 비율만을 줄이자는 의견부터, ② 개인의 자유에 초점을 두고 직계비속·배우자의 유류분까지도 최대한 줄여야 한다는 의견, ③ 가산상속 관념이 약해졌으므로 유류분 권리자의 범위 축소는 타당하나 부양제도 같은 다른 제도와의 정합성을 위해 상속인이 직계비속인지 배우자인지 등에 따라 다른 논의를 해야 한다는 의견, ④ 사회 변화에 따라 '가족'에 대해 새로운 시각을 갖고 미래 사회를 대비하려는 기류도 있지만 아직은 전통적인 관습을 유지하는 사람도 적지 않을 것이기에 선의의 피해자가 발생하는 것을 막기 위하여 여전히 유류분과 같은 보호수단이 필요할 수 있다는 의견 및 국민이 느낄 법개정의 효용을 고려해야 한다는 의견도 제시되었고, 이외에도 ⑤ 유류분의 박탈·제한제도 등 다른 방안을 논의하자는 건의, ⑥ 사실혼 배우자를 상속제도에 포섭하는 방안에 대해 논의하자는 건의와, ⑦ 디지털 혁명을 고려해 블록체인 방식으로도 유언을 남길 수 있도록 유언방식의 엄격함을 완화하는 방안을 검토하자는 건의도 함께 개진되었다. 결국 유류분제도 개선은 유류분 권리자에서 형제자매를 제외하는 방안을 중점으로 하여, 현재 민법 개정이 추진 중에 있다.

사공일가 TF 정부위원으로 참여해 유류분 개정 실무담당자로 일하면서 처음에는 불안함이 앞섰다. 개인적인 상속 문제에 대해서조차 생각해본 적 없고 하여, 법률실무는 물론 사회 일반의 관행·인식과 동떨어진 방향으로 개정을 추진하면서도 이를 모른다면 어떻게 될지 막연히 불안했다. 그러나 훌륭한 분들과 함께하는 회의에 참여하고 법무심의관님의 방향 설정을 받으며 결국 큰 이견이 없는 부분을 중심으로 개정을 추진하게 되어, 앞선 걱정이 기우였음을 깨달음과 동시에 한국 사회의 미래법제를 준비하는 일에서 일익을 담당하였다는 생각에 뿌듯함이 든다. 개인의 자유를 기반으로 하는 미래 시민 사회 대비에 미약하나마 기여할 수 있어서 뜻깊은 시간이면서, 앞으로의 업무수행에도 소중한 양분이 되는 시간이었다.

사공일가 TF,
이렇게 진행되다

허창환(법무심의관실 사무관)

사공일가 TF의 시작

2020년 11월 법무심의관님이 새로 부임하셨다. 심의관님은 기획사무관이었던 나에게 앞으로 "미래 시민 사회를 위한 법 개정"이 우리 실의 '테마'라고 하셨다. 비대면, 데이터, AI, 원격소송, 1인가구 등 참신한 아이디어를 거침없이 내뿜는 심의관님을 보면서, '관'스럽지 않고 참신하다는 생각을 했다. 대부분 법 개정 논의는 사회적 이슈가 되는 사건이 발생한 후에 시작된다. 그런데 '미래 사회'에서 법적인 해결이 필요한 논의를 법무심의관실에서 선제적으로 시작하는 것이기 때문이다.

그로부터 몇 달 동안, '미래 시민 사회를 위한 법 개정'이 각종 업무보고에 포함됐다. 장관님께서 부임한 직후, 심의관님이 '1인가구 TF 계획안'을 만들어보라고 했던 것을 보면, 장관님께서는 여러 주제들 중에서도 '1인가구'를 염두에 두신 것 같았다. 곧 1페이지짜리 계획안이 만들어지면서, 2021년 한 해를 바쁘게 만들었던 1인가구 TF가 시작되었다.

특별한 위원 구성

법무부에서 법령개선 TF의 구성원은 대부분 대학교수·변호사 등 관련 분야의 전문가로 선정되기 마련이다. 그러나 심의관님은 생각이 달랐다. 법률전문가가 아닌 1인가구 경험이 있는 다양한 삶의 배경을 가진 위원들로 구성하겠다는 것이다. 그리고 그 구성은 매우 빠르기 진행됐다. 돌이켜보더라도, 법무부 TF 중에서 가장 특별했던 위원 구성이지 않을까 싶다. 후담이지만, 1인가구의 컨설팅을 담당했던 행정안전부 관계자 등 많은 사람들이 "멤버 구성이 너무 좋다" "관의 냄새가 안 난다"라면서, 모범이 되는 TF라고 언급할 정도였다.

자유로운 분위기의 킥오프 회의

멤버 모집이 끝난 후, 킥오프 회의 준비를 시작했다. 첫 회의이자 차관님 참석 행사였기에 좌석배치도와 1인가구 현황 자료 등 많은 자료를 준비하여 TF 킥오프 회의 계획안을 만들었다.

킥오프 회의는 별도의 사회자 없이 자유로운 분위기 속에서 참석자를 소개하고 1인가구 현황과 1인가구 TF에 대해 브리핑을 하는 자리였다. 변호사 시절 의뢰인을, 사무관으로는 공무원들을 만나던 나에게, 배우, 소설가, 건축가, PD 등 다양한 배경을 가진 위원들은 연예인을 보는 느낌이었다. 사인을 받거나 같이 사진을 찍고 싶었으나 쉽게 말을 붙이기가 어려운 분들이었다.

킥오프 회의에서는 친족 · 상속 · 주거 · 보호 · 유대라는 다섯 가지 주요 논의 주제를 선정하고, 위원들 사이에서 간단히 의견을 교류했다. 그리고 TF 단체채팅방에서 의견을 모아 '사공일가 TF'로 공식 명칭을 만들었다. TF 위원들이 인문학적 깊이가 있는 분들이라 그런지 그 명칭도 '관스럽지 않게' 특별하다는 느낌이었다.

'사공일가' 알려지기 시작하다

킥오프 회의 종료 후 2주 뒤, 정식으로 제1차 회의를 개최했다. 장관님 참석 행사였고, 위촉장 수여식을 진행하고 구체적인 안건을 논의하는 자리였기 때문에, 보다 더 바쁘게 움직여야 했다. 제1차 회의를 위한 5개 중점과제의 개별적인 제도개선 방안도 마련됐다.

그중에서도 '유대' 파트의 '동물의 법적 지위 개선'은 우리 실 내부에서도 상당히 화제가 된 주제였다. 주로 1~2년차 변호사들로 구성된 법무관, 전문·연구위원, 실무수습 변호사들 중 상당수가 '개나 고양이' 등 반려동물을 키우고 있었기 때문이다. 우리는 해당 업무를 담당했던 법무관을 '동물 법무관'으로 불렀고, 그에게 여러 동물 관련 책들을 선물하곤 했다. '주택·상가임대차보호법' '구하라법' 등 주로 무거운 사회적 이슈만을 중점적으로 다루던 우리 실에서, '동물의 법적 지위 개선'이라는 주제는 매우 따뜻하고 특별했던 주제다.

개인적으로 사공일가 TF가 대·내외적으로 무게감을 가지기 시작한 시점이 이때 즈음이라고 생각한다. 무엇보다 '동물은 물건이 아니다'라는 내용의 민법 개정안 등 국민들의 인식을 반영한 개정안들이 대·내외적으로 호평을 받았던 것이 큰 힘이 되었고, 장관님의 관심도 큰 힘이 되었다. 장관님은 주요 행사에 참석했다가 일정상 양해를 구하고 중간에 떠나시는 경우도 있다. 그런데 사공일가 TF 제1차 회의에서는 회의가 종료될 때까지 위원들의 의견을 경청하셨다.

다만, 사공일가 TF가 알려지기 시작하면서, 나는 많은 '메모'에 시달리기 시작했다. '메모'는 법무부 공무원들 사이에서 자료 취합을 위해 담당자들에게 뿌리는 일종의 요청글이다. 사공일가 TF가 진행되는 내내 TF 배경, 안건, 내용, 향후계획 등 비슷한 내용을 몇 번씩이나 써서 메모에 올려야 했다. 각종 성과 평가 자료에도 사공일가 TF가 포함되면서, 매달 업데이트된 현황과 증빙자료를 제출해야 했다. 또한 법무심의관실 내의 주요 행사로 자리매김하여 언론 브리핑과 보도자료를 배포하는 등 홍보 활동도 잇따르기 시작했다.

법 개정이 추진되다

제2차 회의는 매우 신속하게 진행됐다. 내부 검토를 거쳐 쟁점별 법률안을 만든 후, 위원들의 의견을 수렴하는 형식으로 진행했기 때문이다. '동물의 법적 지위 개선' '형제자매 유류분 삭제' '친양자제도 개선' 논의를 통해 TF안을 도출했다. 제2차 회의는 법률 개정에 대한 상당히 구체적인 합의를 도출했다는 것에 의의가 있었다. 많은 기자분들이 참석했고, 회의 직후에는 언론 브리핑 및 결과보고도 이루어졌다. 제2차 회의를 기점으로 구체적인 법 개정이 추진되기 시작했다.

TF안이 도출되었다고 하더라도 이를 곧바로 법무부(안)으로 결정할 수는 없다. 법률 개정은 나라를 바꾸는 일이기에 매우 신중하게 이루어져야 하기 때문이다. 우리는 외부 전문가에게 법무부(안)과 해외 입법례 자문을 구하고, 연구용역 결과를 검토하는 등 다방면으로 의견을 수렴하고 검토했다. 그 결과 최종적인 법무부안을 마련하여 입안보고를 진행했다. 정부입법 과정은 내부의사결정을 확정 짓는 '입안보고'가 그 출발점이다. 그 후 국민의 의견을 수렴하기 위해 '입법예고'를 하는 동시에 다른 부처를 대상으로 의견 조회를 하고, 성별영향평가 등 각종 영향평가를 받는다.

입법예고 기간 동안 수의사협회, 수의대학협회, 동물보호단체, 반려동물 양육인 등 많은 관련단체나 국민들이 법안에 대해 지지 의사를 SNS에 표명했다. 물론 찬성 의견만 있었던 것은 아니다. 비록 소수지만, 동물보다 사람이 우선이어야 하고 동물점유자의 책임을 강화해야 한다는 의견도 있었다.

그 과정에서 동물 법무관이 3년간의 의무 복무를 마치고 법무심의관실을 떠나야 했다. "법무심의관실에서 동물의 법적 지위 개선을 마무리 짓지 못한 것이 가장 아쉽다"고 하는 그의 마지막 인사말에서 '동물의 법적 지위 개선을 위한 민법 개정'에 대한 애정과 진심이 느껴졌다. 동물 법무관이 떠난 후에는 나와 2명의 변호사가 민법 개정의 담당자로 배정됐다.

이 시기를 지나면서, 사공일가 TF는 완전히 무르익었다. 행정안전부나 인사혁신처에서 추진하는 정부혁신, 적극행정 사례 등에 제출되기 시작했고, 자료 제출을 요구하는 메모는 점점 늘어나기 시작했다. 그럼에도 불구하고, '동물은 물건이 아니다'라는 법률 개정안이 입법예고 되는 등 가시적 성과가 나타나기 시작하면서 보람을 느끼기 시작한 것도 이 시점이다.

피할 수 없는 친양자제도

제3차 회의는 '동물법의 후속입법'에 대한 논의와 '친양자 제도'를 중심으로 진행됐다. 네 번째 만나는 자리였기에, 보다 자연스럽고 편안하게 의견을 제시하고 답변하는 자리였다. 다만, 코로나로 인해 식사를 하는 자리가 없었던 점은 여전히 아쉬운 점으로 남았다.

개인적으로 3차 회의의 성과는 1인가구의 친양자 입양에 관한 문제를 사회적 논의의 장에 끌어들인 것에 있다고 생각한다. 우리 사회에서 대표적으로 1인가구가 차별 취급을 받는 분야가 '친양자제도'이다. 비혼인 1인가구는 친양자를 입양할 수 없기 때문이다. 물론 1인가구보다 양친이 모두 존재하는 경우가 자녀의 복리의 관점에서 낫다고 볼 여지가 있다. 그러나 1인가구라는 이유만으로 친양자 입양 기회를 원천적으로 차단할 필요가 있을까? 이 주제는 최근의 입양아동에 대한 학대 문제와 얽혀 조심스러웠고, 우려의 목소리도 예상했다.

그럼에도 불구하고, 사공일가 TF에서 '1인가구와 친양자'는 피할 수 없는 주제였다. 1인가구라는 이유만으로 그 기회를 원천적으로 차단하는 것은 가혹한 것이기 때문이다. 친양자 입양은 구체적인 사정들을 모두 고려하여 법원이 결정할 일이지 법률에서 일률적으로 특정 가구에 대해 기회를 박탈할 필요는 없을 것이다.

우려의 목소리가 없었던 것은 아니었으나, TF위원들 역시 프랑스 등 해외 사례 등을 예시로 들면서 친양자 입양제도 개선안에 찬성했다. 그리고 친양자제도 개선은 TF의 입법개선 제안으로 채택되었다. 이제 우리는 우려를 불식시키기 위해 다양한 경로로 의견을 수렴하고 법리 검토를 거쳐, 법무부(안)을 입안보고하고 정부입법절차로 나아갈 예정이다.

지속적인 제도 개선을 위해

이제 1인가구 TF는 마지막 회의만을 남겨두고 있다. 마지막 회의 안건은 1인가구의 '주거'에 대한 보호이다. 심의관님의 지시가 내려오면, 해당 안건들을 정리하고 계획안을 만들고 보도자료 등 회의를 위한 여러 가지 준비를 해야 한다.

2021년을 바쁘게 만든 사공일가 TF가 종료되면 많이 아쉬울 것 같다. 그러나 TF의 끝이 1인가구 제도 개선의 끝은 아닐 것이다. TF가 끝나더라도 우리는 TF에서 논의된 친양자제도나 유류분제도 개선을 위한 구체적인 정부입법을 준비할 것이다. 그 후에도 우리 사회에서 1인가구와 다가구가 공존하기 위한 제도 개선 논의는 지속될 것이다. 그리고 사공일가 TF 구성원들은 각자의 영역에서 다양하고 창의적인 방법으로 1인가구를 위한 제도 개선에 힘을 실어줄 것이라 믿어 의심치 않는다.

누구나 매년 기억에 남는 일들과 사건이 있을 것이다. 나에게 2021년은 특별했던 사공일가 TF 담당 사무관으로 역할을 한 것이 기억에 남을 것이다.

사공일가 TF와
함께 성장한 나의 한 해

고은섭(법무심의관실 법무관)

올해 2월부터 정신없이 진행되었던 사공일가 TF가 이제 마무리 단계에 진입했다. 아마도 12월 중 백서 발간을 마지막으로 한 해의 숨 가쁜 일정이 끝나게 될 것이다. 나는 사공일가 TF의 간사를 맡아 TF 기획 단계에서부터 마지막 백서 발간까지 사공일가 TF의 모든 일정을 함께하고 있다. 지금에서야 솔직히 고백하자면 사실 TF 기획 단계 때만 해도 이 TF가 과연 '백서'로 기록을 남길 만큼 의미 있는 성과를 낼 수 있을지에 대해서 확신이 없었다. 그저 하루하루 주어진 관련 업무를 해내기에도 벅찼던 것 같은데 어느새 여러 성과들이 차곡차곡 쌓여서, 한 해를 마무리하는 현 시점에서는 사공일가 TF가 올해 법무부 내 가장 성공적인 TF로 꼽히고 있다. 동시에 나 자신도 다양한 업무를 경험하면서 사공일가 TF와 함께 성장할 수 있었다. 이 글을 통해서 그 시작과 끝을 기록해두고자 한다.

법학이 과연 즐거울 수 있을까?

기억을 더듬어보면, 1인가구와 관련된 첫 번째 업무는 인사청문회에서 당시 장관후보자였던 ㈜장관님의 말씀에서 시작되었다. 1인가구가 급증하고 있는 현실을 제시하면서 법무부장관이 되면 그들이 겪는 사회적 차별을 살펴보고 1인가구에 대한 법적·제도적 지원 방안을 강구하겠다는 취지의 말씀이었다. 심의관님은 청문회에서 해당 말씀이 나오자마자 방으로 나를 호출하여 즉각 이에 대한 검토를 지시하셨다. 아직 장관님 취임도 전에 바로 즉각 검토라니…. 지금은 그 속도감에 익숙하지만 그 당시엔 안 그래도 청문회 준비로 야근과 주말 출근을 하면서 각종 자료 작성에 한바탕 시달린 터라, 이 생활이 더 연장된다는 사실이 적잖이 슬펐던 기억이 난다. 특히, 금요일에 1인가구 관련 법제도 개선 방안을 담은 보고서 작성을 지시받았는데, 그 기한이 장관님 취임일인 돌아오는 월요일 오전까지였기 때문에 그로써 바로 주말 근무가 확정된 것이었다. 후후….

일요일 오전에 나와서 달달한 시럽을 넣은 커피로 쓰린 맘을 달래며 해당 보고서 작성을 시작했다. 그런데 막상 업무를 시작하니, 신나는 노래를 들으면서 했던 덕일까? 시간 가는 줄 모르고 즐겁게 보고서를 작성했다. 사실 그간 법무심의관실에서 주로 했던 업무들은 남들(국회 또는 다른 정부 부처)이 만든 법령 제·개정안의 심의를 맡아서 법리적으로 어떤 문제점이 있는지 검토하거나 정해진 국정과제나 정부 기조에 따라 법무부 소관 법령을 제·개정하는 것이었다. 이는 물론 중요한 일이긴 하지만, 법령안에 이미 내재하고 있던 문제점을 찾거나 지시받은 대로 법령 제·개정을 하면서는 나 자신이 주도적으로 무언가를 만들어나간다는 느낌을 갖기는 어려웠다. 1인가구와 관련하여 어떠한 법제도 개선이 필요할지를 적극적으로 탐색하면서 오랜만에 주도적으로 무언가를 만들어나가는 것에 대한 즐거움을 느끼게 된 것이다.

생각해보면, 나는 늘 정해진 문제를 푸는 것보다는 새롭게 무언가를 만들어나가는 데 더 흥미를 느꼈다. 학부 때도 당시 유행하던 교육 관련 봉사단체에 들어가려고 지원하는 대신 마음이 맞는 친구들과 환경 관련 봉사단체를 조직했다. 교육 봉사를 아예 안 해본 것은 아니었다. 집 근처 복지관에서 아이들을 가르친 적도 있었는데, 이미 상당 부분 전형화되어 있어서 내가 주도적으로 할 수 있는 일이란 어떤 방식으로 가르칠지에 관한 것밖에 없었다. 물론 의미 있는 일이었지만 나에게 있어서 심장을 뛰게 하는 일은 아니었다. 결국 이후에는 교내 환경 봉사단체라는 다소 생소할 수도 있는 봉사단체를 만들어서 여러 가지 환경 보호 캠페인을 직접 기획하고 진행하기 시작했다. 교수님들 연구실에서 버려지는 이면지를 모아 연습장을 만들어서 배부하고, 일회용품 사용 줄이기 캠페인으로 교내 카페와 협의하여 개인 텀블러 사용에 대한 인센티브를 도입하는 등의 활동을 전개하면서 부족하고 미약하더라도 주도적으로 기획해서 실행하는 것 자체에서 즐거움을 느꼈다.

아쉽게도 이후 로스쿨에 진학하면서 이런 종류의 즐거움은 거의 느낄 수 없었다. 법학 초심자로서 공부를 따라가기도 벅차다 보니 내 역량의 한계로 다른 활동은 전혀 할 수 없었고, 하루 종일 접했던 법학은 학부에서 전공했던 경영학과는 달리 내가 개입할 수 있는 자유도가 거의 없다고 느껴졌다. 가령 경영학 전공의 경영전략과 같은 강의들에서는 직접 한 기업을 선정해서 그 기업의 전략을 짜보는 내용의 발표에 따라 평가가 이루어진다. 이 과정에서 기업의 선정부터 해당 전략을 선택한 이유에 대한 논리 구성까지 모든 부분을 직접 만들어내야 하는 경우가 많다. 강의시간에도 관련된 여러 케이스를 배울 뿐이며 발표에 대한 완벽한 정답이란 존재하지 않는다. 반면에, 내가 느끼기에 대부분의 법학 강의들에서는 이미 존재하는 조문, 학설 그리고 판례를 얼마나 잘 암기해서 답안지에 현출했는지에 따라 평가가 이루어졌다. 이른바 '모범답안'에 얼마나 근접한지로 성적이 매겨지는 것이다. 이때 느낀 법학은 경직되고 지루한 것이었다. 이 때문에 로스쿨 시절은 '즐거움'보다는 '인내심'으로 버텼던 것 같다.

법학에 대한 이러한 첫인상은 변호사시험 합격 후 법무관으로 대체복무를 시작하고 나서도 상당 기간 남아 있었다. 물론, 때때로 기존의 학설이나 판례가 없는 사안에 대하여 유권해석을 할 때, 직접 법리를 구성해보면서 조금씩 법학도 나름 즐거울 수 있다는 생각을 했지만, 법학에 대한 기본적 생각까지 바꿀 정도는 아니었다. 그러나 1인가구 법제도 개선 보고서를 작성하며, 주도적으로 법제도 개선 방안을 발굴하고 검토해보는 과정에서 "법학도 즐거울 수 있구나!"라는 점을 확실히 체감했고, 이후 실제로 개선 방안을 추진하는 경험까지 하면서, 법학에 대한 나의 짧은 생각은 완전히 뒤바뀌게 되었다. 경직되고 지루한 것은 법학 그 자체가 아니라 법학을 그렇게만 다뤄왔던 내 자신이었다. 이제는 누구에게나 자신 있게 말할 수 있을 것 같다. "법학도 즐거울 수 있어!"

빅 픽처

혹시 궁금해 하실 분을 위해 당시 보고서에 어떤 내용을 담았는지도 일부 소개해보려고 한다. 일단은 법무부, 특히 법무심의관실의 소관 법령 개정사항 중 1인가구와 조금이라도 관련된 것들을 모두 검토해서 넣어봤다. (사실 처음에는 내가 봐도 '이런 것까지 1인가구와 연결해서 넣는다고?'라고 생각했던, 이를테면 인격권 명문화와 같은 것들도 모두 포함시켰는데, 보고 과정에서 예상대로 무참히 삭제 당했다.) 참고로 법무심의관실은 흔히 법률가들이 기본법 중의 기본법이라고 하는 민법을 비롯하여, 민사소송법, 민사집행법, 임대차보호법 등 민사법을 소관하는 부서이다. 이 때문에 보고서의 법제도 개선 방안에도 민법의 개정이 필요한 방안이 주를 이뤘다. 구체적으로는 친양자 입양 요건 완화, 상속권 상실제도 도입(일명 '구하라법'), 주거공유 관련 법제도 개선(표준계약서 별도 마련 등), 동물의 법적 지위 개선, 성년후견 관련 법제도 개선(친족상도례 배제 명시 등) 등을 검토했다.

사실 이때만 해도 이 보고서가 어떤 식으로 쓰이게 될지 잘 몰랐지만, 이제 와서 생각해보면, 아마 심의관님은 외부의 자문이나 TF를 시작하기에 앞서서 우리가 관련 이슈를 먼저 검토하고, 장악하고 있어야 한다고 보셨던 것 같다. 이러한 심의관님의 판단은 잘 맞아떨어져서 이후 사공일가 TF에서 이를 토대로 '친족' '상속' '주거' '유대' '보호'라는 5가지 중점 추진 과제를 비교적 쉽게 도출할 수 있었다. 또한, 검토했던 개선 방안 중 동물의 법적 지위 개선을 비롯해서 친양자 입양 요건 완화, 상속권 상실제도 도입과 같은 방안들은 TF 논의를 통해 공식적으로 제안되어 추진되고 있다.

'심의관님은 다 계획이 있구나!' 심의관님과 일하다 보면, 꽤나 자주 이런 생각이 들 때가 있다. 사실 이전에는 "어떤 일을 하든 먼저 전체적인 큰 그림을 그리고 있을 필요가 있다"는 취지의 말이 잘 와 닿지 않았다. 흔히들 소위 '빅 픽처'가 중요하다고 얘기는 하지만, 실제로 일을 하면서 '빅 픽처'를 그리고 있다고 느껴지는 사람은 별로 만나보지 못한 까닭이다. 그러나 심의관님이 오시고 약 1년간 곁에서 업무를 수행하면서 이 '빅 픽처'가 얼마나 중요한지를 깨달을 수 있었다. 전체적인 방향에 대한 고려 없이 눈앞에 보이는 길로만 정신없이 달려가다 보면 결국 목적지에 도달하지 못하고 방황하게 된다.

심의관님이 법무심의관실에 처음 부임해서 가장 먼저 한 일 중 하나는 법무심의관실의 업무를 '중요 – 긴급' '중요 – 미긴급' '미중요 – 긴급' '미중요 – 미긴급'의 사사분면으로 분류한 일이다. 그 당시의 법무심의관실은 '중요 – 긴급' '미중요 – 긴급'에 해당하는 업무들이 너무 많아서 해당 업무들만 수행하기에도 급급한 상태였다. 심의관님은 '미중요 – 긴급' '미중요 – 미긴급'에 해당하는 업무의 부담을 확 줄이고, '중요 – 미긴급'에 해당하는 업무에 최대한 많은 시간을 투입하도록 지시하셨다. 그 결과 본래 2,000건에 육박하던 법령 심의 미제건수는 이제 500건대로 줄어들었고, 사공일가 TF 관련 업무와 같이 중요한 업무에 더 많은 인력이 투입되고 있다.

미시적인 업무 한 건 한 건보다 훨씬 중요한 것은 '빅 픽처', 즉 전체적인 구조를 파악하고 큰 방향을 제시하는 일이라는 것을 온몸으로 느끼고 있다. 나도 언젠가는 법률가로서든 행정가로서든 아니면 또 다른 직업군으로서든 관리자가 될 날이 올 것이다. 그리고 그날이 오면, 다른 무엇보다 리더로서 조직의 '빅 픽처'를 그리고 이를 공유하는 일을 최우선으로 삼을 것이다.

불가능, 그것은 아무것도 아니다

월요일에 소중한 주말과 맞바꾼 보고서를 겨우 보고 드리고 이제 좀 쉴 수 있겠다고 했는데, 바로 그 다음 날 국회 출장을 가셨던 심의관님으로부터 전화가 왔다. "1인가구 TF를 추진해보자! 내일 킥오프 회의를 진행할 테니 준비를 잘 부탁한다!" 네…? 이렇게 갑자기요…? 중앙 부처에서 이런 종류의 행사는 대개 한 달은 잡고 준비하는 것이다. 작년에 실무를 맡아 준비했던 공익법인법 공청회도 거의 한 달간 차근차근 준비했던 기억이 난다. 한 달간 했던 일을 단 하루에 다 할 수 있을까!? 아직 쌀쌀한 2월 초였는데, 식은땀이 다 났다.

지시를 받고 나서부터는 정신이 너무 없어서 기억도 잘 나지 않는다. 부랴부랴 계획안을 만들고, 위원 명단, 좌석배치도, 발제 자료, 말씀 자료 등 이것저것 필요해 보이는 것들을 잡히는 대로 작성했다. 국회에서 복귀한 심의관님의 지휘 아래 모든 실 직원들이 일사불란하게 움직인 결과, 결국 어찌저찌 무려 차관님까지 참석하신 킥오프 회의가 무사히 진행되었다. 개인적인 생각으로는 '무사히' 정도가 아니라 하루 만에 준비한 것이라고는 생각할 수 없을 만큼, 좋은 분위기에서 진행되었다.

돌이켜보면, 이때가 사공일가 TF의 운명을 결정짓는 가장 중요하고 위험(?)한 순간이었다. 킥오프 회의의 분위기가 해당 TF 전체의 성공 여부를 결정짓고는 한다. 킥오프 회의에서부터 분위기가 좋지 않았다면, 민간위원들의 적극적 참여나 해당 부처의 지원을 이끌어내기 상당히 어려운 경우가 많기 때문이다. 이렇게 빠르게 움직인 결과, 장관님 취임일로부터 2일 후 바로 TF 구성 및 킥오프 회의가 진행될 수 있었다. 나중에 심의관님으로부터 장관님께서도 그 속도에 놀라셨다는 후일담을 전해들을 수 있었다. 또한, 장관님 취임 후 처음으로 구성된 TF였기 때문인지는 몰라도, 사공일가 TF는 이후에도 장관님을 비롯하여 법무부 내부의 많은 관심과 지원을 받을 수 있었다.

불가능하다고 생각하고 실행에 옮기지 않았으면 도저히 이렇게 빠르게 사공일가 TF를 출범시킬 수 없었을 것이다. 그리고 출범 시기가 늦어졌다면 법무부 내부에서 지금처럼 많은 관심과 지원을 받을 수 없었을지도 모른다. "불가능, 그것은 아무것도 아니다"라는 모 의류 브랜드 캠페인처럼 가능성을 믿고 끝까지 해보는 게 무엇보다 중요하다는 점을 다시금 깨달을 수 있었다. 그리고 설령 실패하더라도, 니체의 말처럼 나를 죽이지 못하는 시련은 나를 더욱 강하게 만들 테니, 결코 손해 볼일은 없는 셈이다.

나를 '자유롭게' 한 사공일가 TF

사공일가 TF의 출범으로부터 9개월이 흘렀다. 그동안 킥오프 회의를 포함하여 총 네 번의 회의가 진행되었고, 메신저 단체채팅방을 통해서도 상시적으로 의견을 교환했다. 개인적으로는 사공일가 TF의 간사를 맡아 실무를 진행하면서 그간 경험하지 못한 일들을 여러 가지 해본 것이 가장 기억에 남는다. 법무부에서 1인가구 다큐멘터리를 제작 지원하게 되어서 방송국, 제작사와 수차례 미팅을 하고, 또 흔쾌히 내레이션을 맡아주신 장항준 감독님의 녹음 현장에도 함께했다. TF위원이신 김성신 선생님, 남정미 선생님이 장관님을 인터뷰하는 영상의 대본을 수정하기도 하고(해당 인터뷰 내용은 백서에도 실려 있다), 1인가구 다큐멘터리를 리뷰하는 영상에는 직접 출연하기도 했다. 또 지금은 백서에 실을 글을 작성하고 있다.

어린 시절부터 나는 유난히 콘텐츠를 좋아하는 아이였다. 단순히 '콘텐츠'라고만 표현한 것은 어떤 콘텐츠든 가리지 않고 소비했기 때문이다. 단순히 나이에 따라 주요 소비 콘텐츠만 변화되었을 뿐이다. 어릴 때는 책을 늘 들고 다녔던 기억이 어렴풋이 난다. 부모님의 말씀에 따르면, 밥을 먹거나 길을 걸을 때에도, 심지어 화장실에서도 책을 계속 놓지 않았다고 한다. 특히 만화로 된 《삼국지》를 좋아해서 60권이나 되는 책을 여러 번 다시 봤다. 이후 중학교에 들어가고부터는 게임에 푹 빠졌다. 당시 유행하던 총싸움 게임의 PC방 대회가 자주 열렸는데 방학 때 친구들과 팀을 이루어 이 대회에 출전한다고 매일 점심 즈음부터 새벽 4시, 5시까지 잠을 줄여가며 연습하기도 했다(이때 잘 잤으면 키가 조금 더 커지지 않았을까 하는 후회도 있지만, 덕분에 지금도 밤새는 건 자신 있으니 역시 뭐든 장단점이 있다). 이후 고등학생 때는 TV 드라마, 대학생 때는 TV 예능과 한국 현대소설을 거쳐 지금은 각종 OTT 서비스를 섭렵하고 있다.

자연스럽게 관련된 여러 가지 직업들을 한 번쯤 꿈꿔봤던 것 같다. 어떨 때는 만화가였다가, 프로게이머였다가, 방송국 PD였다가, 작가이기도 했다. 결국 법률가라는 완전히 다른 길을 걷게 되었지만 이른바 '부캐'의 시대에 들어왔으니, 미래에는 내가 방송도 기획하고, 어딘가에 글도 적고 있을지도 모르는 일이다. 사공일가 TF와 함께했던 다양한 경험들이 미래의 나를 더 자유롭게 만들어주리라 기대해본다.

법무부 사공일가 TF 백서

어쩌면 우리 모두 1인가구

1판 1쇄 찍음   2021년 12월 10일
1판 1쇄 펴냄   2021년 12월 17일

기획 정재민
지은이 박범계 정재민 백희성 백이원 남정미 박진규 곽재식 김해온
　　　　오성아 명로진 노종언 박성연 한민지 김경집 김성신 정지우
　　　　송윤서 이민진 김은혜 주형준 허창환 고은섭
진행 허유영 고은섭
펴낸이 신주현 이정희
마케팅 임수빈
디자인 조성미
제작 (주)아트인

펴낸곳 미디어샘
출판등록 2009년 11월 11일 제311-2009-33호

주소 03345 서울시 은평구 통일로 856 메트로타워 1117호
전화 02) 355-3922 | 팩스 02) 6499-3922
전자우편 mdsam@mdsam.net

ISBN 978-89-6857-207-4 03360

www.mdsam.net